Mosaik

HUMMER & CO.

en vogue

von Hans Peter Bleuel
Illustrationen
von Dorothee Walter

Mosaik Verlag

Der Mosaik Verlag ist ein Unternehmen
der Verlagsgruppe Bertelsmann

Einbandgestaltung und Artdirektion:
Noëlle Thieux
Satz: Filmsatz Schröter GmbH, München
Druck und Bindung:
Richterdruck, Würzburg
Printed in Germany · ISBN 3-570-04727-X

INHALT

Eine feine Familie 6

Krebs ist nicht gleich Krebs 12

Die älteste Delikatesse der Welt 18

Die gepanzerte Phalanx 22

Garnelen, Krabben, Krebse 32

Die richtige Wahl 42

Vom Umgang mit Panzer und Scheren 48

Harte Schale – zarter Kern 56

Die Accessoires 60

Die Klassiker 70

Kühle Köstlichkeiten 82

Die Exoten 86

Register 96

EINE FEINE FAMILIE

Wir reden von einer feinen Familie: Hummer und Langusten, Krabben und Garnelen, Flußkrebse und Seespinnen. Vom etwas spitzen Namen der letzteren sollte man sich nicht irritieren lassen. Denn erstens bewegt sie sich sehr

graziös, zweitens schmeckt ihr Fleisch vorzüglich, und drittens trägt sie einen lateinischen Namen voller nackter Poesie: *Maja squinado.*

Freilich, der weitgereiste Feinschmecker kennt das köstliche Seegetier ohnehin am seltensten unter deutschen Namen, und nicht nur besternte Nobelrestaurants, sondern auch modische Edelimbißtheken prunken lieber mit fremden Zungen und exotischen Titeln. Lobster und Crayfish, Shrimps und Prawns für Yuppies und Chinafreunde, Crevettes und Écrevisses für sophisticated Ladys und soignierte Herren, Gambas und Cangrejos zu glühenden Erinnerungen an Malaga und die Algarve, Gamberoni und Grancevole für Italienschwärme. Oder schlicht und einfach Scampi – der Name muß für viele herhalten, doch er klingt ja auch sehr hübsch.

Wir wollen's noch ein wenig bunter machen, denn unsere Meeresfrüchte sind an den Küsten aller Länder als Leckerbissen geschätzt, und manchmal spiegelt sich das bis in die Klangfarbe. Tourlourou wird auf den französischen Antillen die Landkrabbe genannt – spürt man da nicht den Gaumenschmeichel? Nach der Tochter des Meeresgottes Nereus haben die Franzosen einen Springkrebs an der Atlantikküste Galathé getauft – lateinisch heißt diese ganze Familie, zu der auch der chilenische Langostino gehört, *Galatheidae.* Einsiedlerkrebs klingt schon sehr plastisch – das sind die flinken Burschen, die ihren panzerlosen Hinterleib in einem Schneckengehäuse bergen: aber Bernard l'hermite ist geradezu eine klassische Formulierung! Über den Palmendieb oder Kokosräuber sind nicht viel Worte zu verlieren; der knorrige Kerl ist an das Landleben so gut angepaßt, daß er sogar auf Bäume klettern und die Früchte

abkneifen kann. Camarón heißt eine begehrte Garnelenart vor den Küsten Chiles, und irgendwie muß der Name noch vor Thor Heyerdal über den Pazifik geschwommen sein: Der große australische Flußkrebs – er wird kiloschwer! – trägt den Namen Marron. Sprachforscher werden freilich einwenden, das komme von seiner dunklen Kastanienfarbe; aber die Erinnerung an Maronen macht die Sache eigentlich noch appetitlicher.

Keine Assoziationen helfen mehr, wenn wir diesen Köstlichkeiten des Meeres auf den Speisekarten Süd- und Ostasiens begegnen. Meistens auch keine Wörterbücher, und darum eine Gedächtnisstütze für Ihre nächste Weltreise. Kuruma-ebi heißt die Radgarnele in Japan und far-haai die Schwimmkrabbe aus dem Chinesischen Meer, alimangong palaisdaan die Mangrovenkrabbe auf den Philippinen und rajungang-harang die Kreuzkrabbe in Indonesien.

Was zu beweisen war: Hummer & Co. werden an den Ufern aller Weltmeere als Delikatessen geschätzt und gefangen, und es sind nicht zuletzt die kleineren Arten der Garnelen und Krabben, die in den Küstenregionen auch eine erhebliche Bedeutung als Nahrungsmittel haben. Denn die Fülle der Arten ist so unübersehbar wie der Bestand des Krebsgetiers in unseren Gewässern.

Genau wird man es nie wissen, denn von der Tiefsee bis zum Korallenriff werden ständig neue Entdeckungen vermeldet – aber nach grober Schätzung gibt es in der Klasse *Crustacea* rund 30000 Arten. Und gewiß ist, daß diese Krebstierchen – von denen die meisten so winzig klein sind, daß sie zur Planktonmasse zählen – in der irdischen Nahrungskette eine gewichtige Rolle spielen. Gewichtig auch im Sinn von Masse, wie das Beispiel zeigt.

Die größten Lebewesen unserer Erde, die Wale mit einem Körpergewicht bis zu 130 Tonnen, ernähren sich hauptsächlich von diesen winzigen Krebschen. Mit ihren gewaltigen Barten schaufeln sie die dichte Biomasse aus dem Meer und gedeihen dabei prächtig, denn dieser Nährstoff hat einen Proteingehalt von 60 Prozent. Das Stichwort heißt

Krill, und es handelt sich dabei um millimeterkleine Leuchtkrebse, die in riesigen Schwärmen leben. Nachdem die kolossalen Meeressäuger durch die rücksichtslose Walfängerei dezimiert worden sind, hat sich der Krill ungeheuer vermehrt und könnte auch zur Nahrungsquelle für Menschen werden. In Japan und der Sowjetunion stellt man daraus eine Paste her, doch da scheint der Nährwert höher zu stehen als der Genuß. Übrigens kennt die indonesische Küche eine vergleichbare Verarbeitungsweise: bei Kroepoek, dem knusprigen und nahrhaften Fladengebäck, denkt sicher kaum einer an Krebse. Doch es besteht aus einer Mischung von Garnelenmehl mit der Stärke der Tapiokwurzel.

Womit nun endgültig und nachprüfbar erwiesen wäre: Unsere Krebse haben alle Anlagen, zu einem Volksnahrungsmittel zu werden. Den Gedanken muß man durchaus ernst nehmen. Man hat geschätzt, daß jährlich mindestens 50–100 Millionen Tonnen Krill gefischt werden könnten, und dieses Eiweißreservoir trüge erheblich dazu bei, den Hunger in der Welt zu lindern. Wer solch Massenfischerei auf Kleingetier absurd findet, wird durch die Realität rasch eines Besseren belehrt. Von Alaska laufen jährlich zur Fangzeit rund 200 Trawler aus, aus Japan und Sibirien viele Dutzend hochgerüsteter Fabrikschiffe, um im Nordpazifik und der Beringsee Jagd auf die Königskrabbe zu machen. Die Dinger werden metergroß und zehn Pfund schwer und kommen als Kamtschatkakrebs und Crab meat konserviert in den Handel. Ihr Fleisch – 32 Prozent Anteil! – ist köstlich und zeigt, wie fließend die Grenzen zwischen Qualität und Quantität sind.

KREBS IST NICHT GLEICH

Eine Grenze allerdings ist unverrückbar, und eine zweite müssen wir benennen, wenn unter Feinschmeckern von Hummer & Co. die Rede ist.

Nichts ist dem Geschmack *fangfrischer* Krusten-

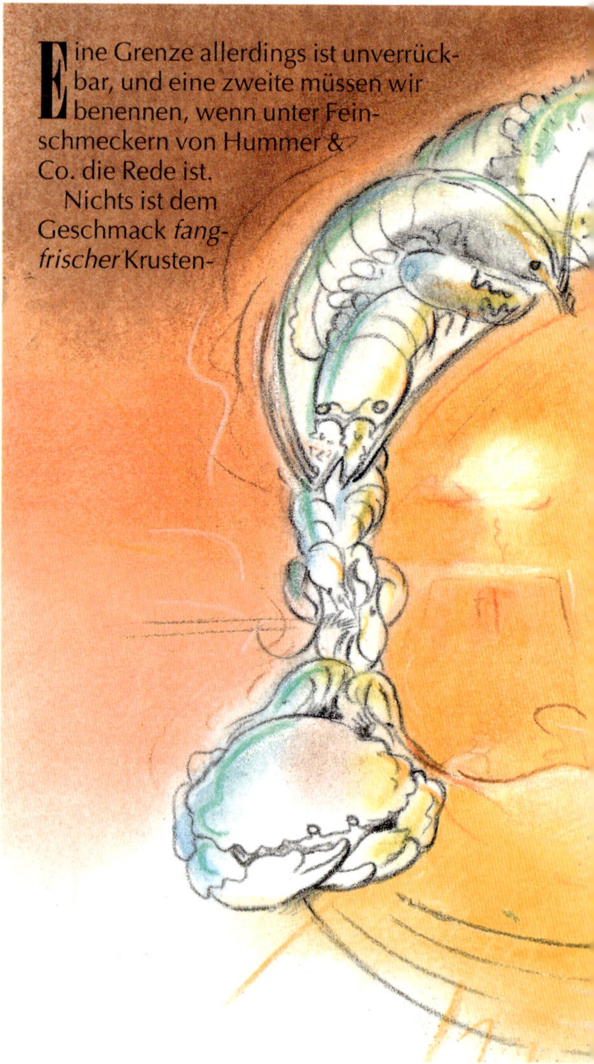

KREBS

tiere vergleichbar, die erst vor Stunden aus dem Meer gelandet wurden, lebend in die Küche wandern und – warm oder kalt – kurz darauf unter salziger Brise bei Tisch genossen werden.

Frisch gesottene Gambas dem Straßenhändler in Malaga vom Tablett gepflückt, Mazzancolle all spiedino in einem Ristorante bei den Häfen von Argentario, Grancevole ai caicio in Triest – das sind nur dort und so wiederholbare Erlebnisse. Von Aragosta alla busara ganz zu schweigen.

Doch die Geographie erzwingt Zugeständnisse, denn wer lebt schon am Meer.

Kompromiß Nummer 1: Hummer und Krebse müssen im Restaurant und beim Einkauf lebendig in Bassins krabbeln. Danach können Sie die Güte des Restaurants wie Ihrer Einkaufsquelle messen.
Kompromiß Nummer 2: Die sogenannten Scampi oder Krebsschwänze müssen im Rohzustand bläulich schimmernd, mit einem Duft von Salzwasser auf Eis gebettet und straff im Fleische sein. Meistens werden sie gleich beim Fang und noch an Bord der Haltbarkeit wegen vorgekocht. Auch dann müssen Sie auf gute Kühlung und ein kräftiges rosiges Aussehen achten.

Der Binnenländer hat noch eine weitere Wahl, und die zwingt zu

Kompromiß Nummer 3: Tiefgefrorene Krabben und Garnelen ebenso wie Krebsfleisch aus Dosen bieten immer noch ein schmackhaftes und im guten Fall kerniges Fleisch. Aber Sie sollten davon keinen Originalgenuß erwarten. Spätestens beim notwendigen Auftauen oder Abtropfen schwinden entscheidende Geschmackselemente.

Zur Dekoration oder Zutat ist dieses Crab meat dann immer noch hübsch und eigenwertig, aber sinnvoller verwendet man es zu warmen Speisen, bei denen es durch andere Aromen ergänzt wird. Bei einem Krabbencocktail oder ähnlichem aus tiefgefrorenen oder konservierten Meeresfrüchten zeugen Begeisterungsschreie Ihrer Gäste entweder von Unkenntnis oder Heuchelei. Ich behaupte nicht, derlei Mischungen wirkten nicht erfreulich und erfrischend; doch bei genauer Geschmacksprüfung erweist sich rasch, daß dieser Eindruck eher von fein gestimmter Würzung, knackig säuerlichen Apfelscheibchen oder dem pikanten Biß gehackter Cornichons herrührt.

Die Ursache all dieser Einwände und Vorbehalte ist sehr einfach und einleuchtend. Krebse sind Tiere, die ständig Wasser durch ihren Körper pumpen. Fehlt dieses Element, so schwindet erst einmal eine genuine Geschmacksnuance. Das ist ein Grund, weshalb diese Meeresfrüchte am besten unter Verwendung von Meerwasser zubereitet werden. Und wenn sie tot sind, dieser Kreislauf und die Wasserversorgung stocken, so verliert ihr Körper sehr rasch Flüssigkeit, das Fleisch wird matt und trocken. Deshalb die Schockfrostung, das rasche Abkochen oder eben am besten: das lebendige Tier auf dem Küchentisch.

Die *Frische*grenze ist damit klar, und wir kommen zu einer zweiten, die uns die Einteilung von Hummer & Co. unter 30 000 Arten Krebsgetier erleichtert: Krebs ist nicht gleich Krebs.

All unsere *Speise*krebse gehören zur biologischen Ordnung der Zehnfußkrebse, der Dekapoden – bis auf zwei Ausnahmen. Weil es einfacher ist, über zwei Ausnahmen als über zehntausend Arten zu reden, erwähnen wir erst die Ausnahmen, denn das geht schnell.

Die eine heißt Krill und gehört zu den *Euphausiacea*; über den Nährwert dieser proteinhaltigen Biomasse haben wir schon gesprochen. Kulinarisch fallen sie – bei allem Respekt vor dem Nährwert – unter den Tisch.

Die andere ist der Heuschreckenkrebs *Squilla mantis*. Er heißt so, weil er mit seinen angelegten Fangbeinen eine gewisse Ähnlichkeit mit der Gottesanbeterin hat, einer pittoresken Fangschrecke. Die Franzosen nennen ihn denn auch Prie dieu, die Italiener Cannocchia, Cicale di mare oder Pannocchia. Das heißt eigentlich Maiskolben und bezieht sich auf die zehngliedrige Panzergestalt des Tierchens, das spannenlang und nachts vor den Küsten mit schweren Schleppnetzen aus sandigem Schlamm gefischt wird. Das Fleisch ist so wohlschmeckend, daß es tags unter dem Namen Scampi ohne Beanstandung serviert wird.

DIE ÄLTESTE DELIKATESSE

DER WELT

Der Respekt gebietet, das Alter unseres Krebsgetiers wenigstens mit zwei Sätzen zu erwähnen, denn es handelt sich dabei ohne Zweifel um die älteste Delikatesse der Welt. Die ersten Gliederfüßler tauchten vor 500 Millionen Jahren im Kambrium auf. Aus denen entwikkelte sich die Klasse der Höheren Krebse und dann die Ordnung der Zehnfußkrebse (Dekapoden), zu denen Hummer & Co. gehören. Offenbar war diese Phalanx mit ihren Panzern und Scheren, ihrer Genügsamkeit und Gefräßigkeit für den Überlebenskampf bestens gerüstet. Nicht zu vergessen ihre Fruchtbarkeit. Manche Krebsarten legen mehrere hunderttausend Eier, kaum eine weniger als einige Tausend. Und so verbreiteten sie sich über alle Meere und Gewässer. Darwin läßt grüßen.

Zum Vergleich: Vor einer Million Jahren probten die ersten Hominiden im Diluvium den aufrechten Gang und erst vor 10000 Jahren gerieten sie an Ackerbau und Viehzucht. Da wußten die Jäger und Sammler allerdings mit Sicherheit schon das nahrhafte Krebsfleisch zu schätzen, das man so bequem aus den Schalen brechen und verzehren konnte. Bei den alten Ägyptern und Griechen – das ist erst 3000 Jahre her – war es Nahrungsmittel, die Römer verfeinerten die Meeresfrüchte zum Genuß. Der erste Kochbuchschreiber Marcus Gabinus Apicius widmete ihnen einen ganzen Band. Sein Feinschmeckertip für Langusten: Eine Sauce mit reichlich Kümmel. Im Mittelalter taten sich nicht nur die Franzosen als Langustenfischer hervor. In deutschen Gewässsern waren die Flußkrebse so reichlich zu ernten, daß sie von den besseren Herrschaften als billige Abspeisung dem Gesinde vorgesetzt wurden. Diese Tradition hielt sich bis ins 19. Jahrhundert. Da wurden die Dienstboten mancherorts so häufig mit Krebsessen traktiert, daß schließlich verboten wurde, es ihnen mehr als einmal pro Woche zuzumuten. In Berlin kam ein findiger Herr, Micha war sein Name, auf eine frühe Fast-Food-Idee. Er legte Krebsgärten an, mästete die Tierchen mit Runkelrüben und exportierte sie schockweise in deutsche Lande frisch auf den Tisch. Doch dem Siegeszug von *Astacus astacus* zum Volksnahrungsmittel setzte 1876 die Krebspest ein Ende. Ein Pilzerreger dezimierte die Bestände in den europäischen Gewässern, und heute ist der Edelkrebs zur Rarität geworden.

Das hat freilich noch gewichtigere Gründe. Flußkrebse brauchen saubere und sauerstoffreiche Gewässer, und die sind in Mitteleuropa kaum mehr zu finden. Ähnliches gilt für die meisten Krebsarten, die in Binnengewässern und Küstenregionen heimisch sind: Sie beanspruchen ein eigenes Biotop, haben sich durch Jahrtausende in diesem Lebensraum entwickelt und ihm angepaßt. Und diese Lebensbedingungen sind besonders in und um Europa in den letzten hundert Jahren durch Besiedelung und Industrialisierung zunehmend beeinträchtigt worden. Flora und Fauna der Gewässer haben sich durch Verschmutzung und Überfischung vielerorts einschneidend verändert, und diesen Raubbau durch den Menschen übersteht auch eine so widerstandsfähige Spezies wie die Phalanx der gepanzerten Meeresritter nicht unbeschadet. Schutzmaßnahmen sind in diesen Regionen notwendig geworden, damit die Tiere nicht zu früh gefangen, die Bestände nicht zu rigoros ausgefischt werden. Und dies gilt natürlich besonders für die edlen Vettern aus der feinen Familie Hummer & Co., die als Delikatessen besonders geschätzt und begehrt sind.

DIE GEPANZERTE PHALAN

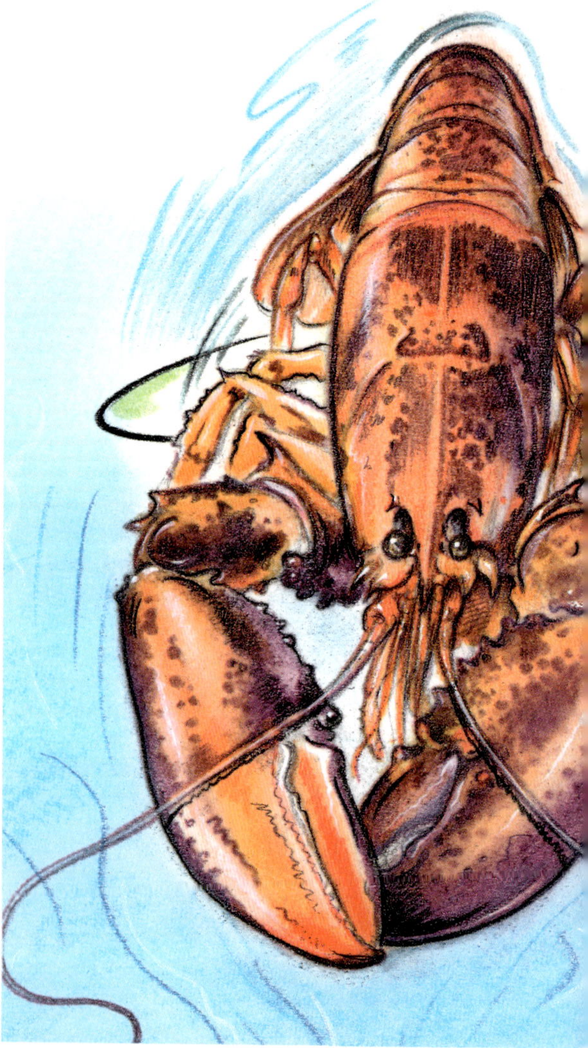

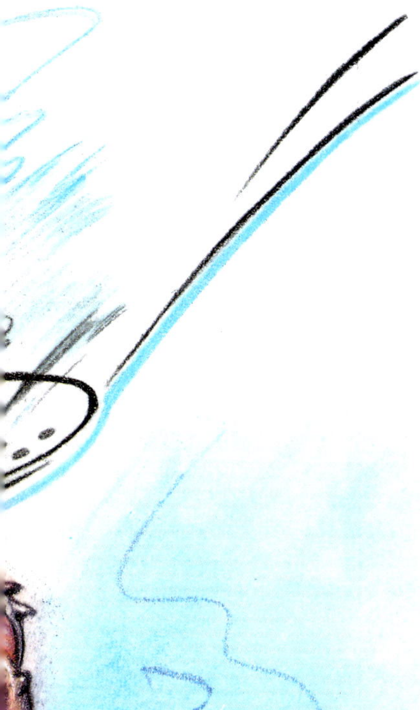

Es lohnt, diese Burschen ein wenig genauer zu betrachten, denn die Fülle ihrer Talente und Spezialitäten macht ihre Verbreitung wie ihre Vielfalt einsichtig.

Kopf und Bruststück der Großkrebse sind zum »Cephalothorax« zusammengewachsen; der bewegliche Hinterleib

– der »Krebsschwanz« – läuft in einen Schwanzfächer aus. Das ist ein mächtig praktisches Instrument: Mit einem Schwanzschlag schnellen die Räuber auf ihre Beute zu, um sie mit den Zangen zu packen, und mit einem Schwanzschlag können sie sich meterweit nach rückwärts vor Angreifern in Sicherheit bringen.

Der Körper ist von einem mehrgliedrigen Panzer bedeckt, der aus Chitin mit Kalkeinlagerungen besteht. Die Härte ist bei den Arten unterschiedlich: Bei den »weichen« Garnelen besteht er zu drei Vierteln noch aus organischem Material, bei den hartschaligen Krebsen und Krabben nur noch zu einem Drittel. Die Färbung variiert von leisem Rot über schimmerndes Blau bis zu Grau und Braun und setzt sich aus einer hitzeunbeständigen blauen und einer hitzebeständigen roten Komponente zusammen. Das ist der schlichte Grund, weshalb fast jedes Krebsgetier beim Kochen rot wird.

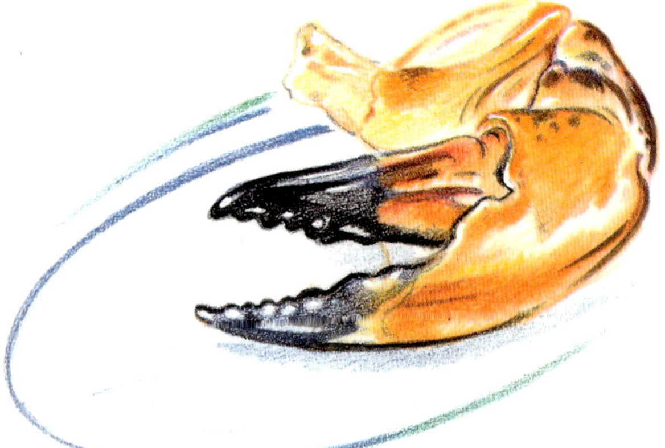

Der Panzer wächst nicht mit, sondern wird in Wachstumsphasen abgestoßen. Das sind die gefährlichsten Momente im Leben eines Krebses, denn es dauert Tage, bis er sich in der darunter schon vorhandenen neuen Haut ausdehnt und den größeren Panzer gehärtet hat. In dieser Zeit ist er als Leckerbissen nicht nur bei Fischen und Artgenossen, sondern als »soft shell« oder Butterkrebs auch bei Feinschmeckern höchst begehrt, denn sein Fleisch liegt praktisch bloß.

Mit den »zehn Füßen« gibt es wie bei so mancher Benennung Schwierigkeiten, denn in Wirklichkeit haben die meisten Zehnfußkrebse deren Dutzende! Der Witz ist nur: Die ersten drei Paare sind ziemlich winzig und zu Mundwerkzeugen umgewandelt; von den nächsten fünf Paar Schreitbeinen trägt das erste oft gewaltige Scheren; und die Hinterleibsbeine sind zur Fortpflanzung oder als Schwimmfüße umgestaltet. Der Name Dekapode stützt sich also auf den Augenschein, die zehn auffallenden Schreitbeine mit großen und kleinen Scheren.

Bei so vielen Extremitäten verliert man leicht die Übersicht und kann sich rasch verheddern. Darum haben die Krebse eine stupende Fähigkeit entfaltet, die man Autotomie nennt. Wenn sie sich mit ihren Beinen verklemmen, können sie sie durch Muskelzug an »Sollbruchstellen« abwerfen; verlieren sie ihre Hauptscheren, so übernimmt das nächste Paar deren Werkzeugfunktion. Und bei jeder Häutung wächst das verlorene Glied wieder ein Stück nach bis zur normalen Größe. Wenn man 20 oder 50 Jahre alt wird, und das schaffen die größeren Arten, ist das eine ganz gute Lebensversicherung.

Kaum weniger verblüffend sind die Sinnesorgane der urtümlichen Gesellen entwickelt. Mit ihren gestielten Komplexaugen haben sie eine prächtige Rundumsicht. Manche können noch auf 15 Meter Bewegungen wahrnehmen, andere reagieren auf feinste Vibrationen oder können sich an Sonne, Mond und Strömungen orientieren. Ein paar solcher Kuriosa gefällig?

Die Tropischen Landkrabben leben küstennah in Feldern, Wäldern und Hügeln und graben sich dort Höhlen. Bei Vollmond brechen ihre Weibchen in Scharen zum Meer auf, denn jetzt ist der Weg am kürzesten: Der Vollmond garantiert den höchsten Stand der Flut, und dort müssen sie ihre Eier abschütteln, weil nur im Meer sich die Larven entwickeln.

Erwachsene Wollhandkrabben leben weitab vom Meer hoch oben in den Flüssen. Im Juli machen sich zuerst die Männchen auf den Weg zum Meer und sperren die Flußmündung, bis die Weibchen zur Befruchtung eintreffen. Nach der Paarung tragen auch hier die Muttertiere das Gelege am Hinterleib mit sich, bis die Larven selbständig werden und von der Küste die Flüsse hinauf ziehen. Die Weibchen gehen nach der Brutpflege ein.

Bei den Taschenkrebsen können die Weibchen das empfangene Sperma drei Jahre speichern und ihre Eier ohne weitere Liebesspiele befruchten. Die sogenannte Grönlandkrabbe ist eine Tiefseegarnele und hat das Geschlechtsproblem noch rigoroser gelöst: In der ersten Lebensphase ist das Tier männlich, in der zweiten weiblich. Das Sexualverhalten der Winkerkrabbe trägt uns vertrautere konventionelle Züge: Nur die Männchen besitzen diese riesige Winkschere, und damit führen sie zur Balzzeit regelrechte Tänze und Ballette um die umworbenen Weibchen auf. Die scherenlosen Langusten, so hat man beobachtet, verfolgen den gleichen Zweck durch musikalische Darbietungen: Sie erzeugen mit ihren Antennengelenken knarrende Geräusche, die offenbar zwar Feinde schrecken, aber Freundinnen reizen.

Damit sind wir denn bei der Guiness-Frage: Wer ist der Größte? Um den Rekord streiten zwei Favoriten. Die Australische Riesenkrabbe hat Exemplare von 15 Kilo Gewicht und einem Panzerdurchmesser von 30 Zentimetern. Die Japanische Riesenkrabbe kommt an diese Körpernummer nicht ganz heran – aber mit gestreckten Beinen erreicht sie eine Spannweite von drei Metern!

Die Wahrscheinlichkeit ist freilich recht gering, daß Ihnen ein solches Musterexemplar auf Tisch und Teller gerät. Obschon das eine tolle Tafeldekoration wäre, die jeden Horrortrip zur kulinarischen Attraktion verklärte. Die Wahrscheinlichkeit hingegen ist groß, daß Ihnen auf der Karte und der Theke ein Gesellschafter von Hummer & Co. präsentiert wird, der unter falschem Namen reist, denn der Wirrwarr der Benennungen ist aus mancherlei Gründen gewaltig.

Häufig gerät einfach die Biologie durcheinander. Was wir so Krabben nennen, diese lütten Leckereien von der Nordsee, sind in Wirklichkeit Sandgarnelen, genauer: *Crangon crangon*. Shrimps und Prawns sind Sammelbezeichnungen für viele Arten von Garnelen, die sich im Handel eingebürgert haben. Shrimps heißen sie, wenn mehr als 200 Stück auf ein Kilo kommen, und Prawns die etwas größeren Exemplare. Die wirklich stattlichen Einzelstücke, von denen nur wenige Dutzend ein Kilo ausmachen, werden mit ebenso willkürlichen Namen wie Riesengarnelen, King oder Tiger Prawns belegt. Hummerkrabben gibt es gar nicht,

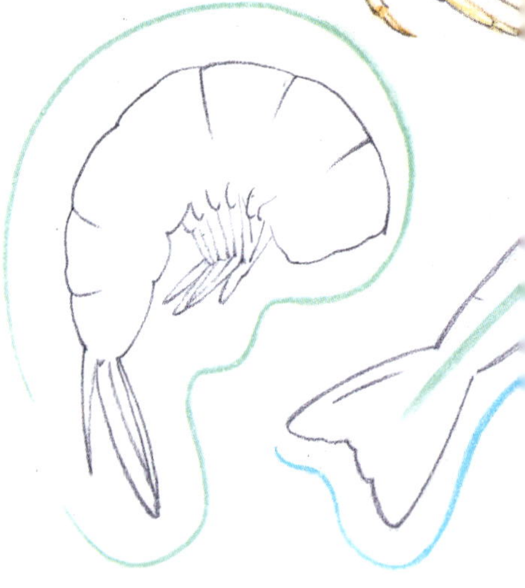

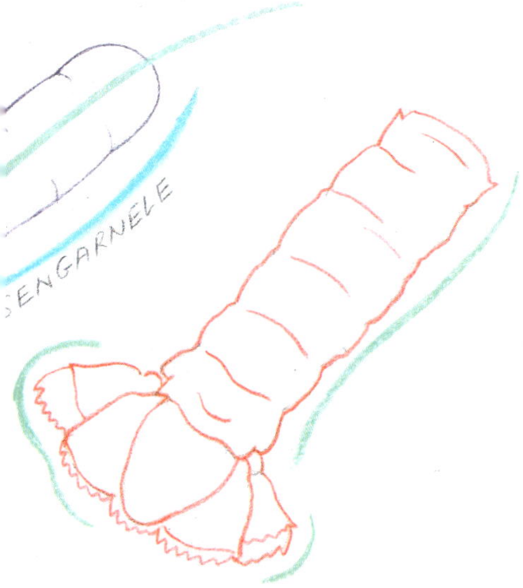
SENGARNELE

und die Bezeichnung ist im Handel nicht zulässig. Aber das hindert auch renommierte Feinkostpaläste nicht, unter diesem wohlklingenden Titel Tiefseegarnelen aus den Nordmeeren oder Rosenberg-Garnelen aus Südostasien feilzubieten, die tiefgefroren eintreffen.

Vollends ärgerlich wird es bei den hochgeschätzten Scampi. Korrekt handelt es sich dabei um den Kaisergranat, einen nahen, aber kleineren Verwandten von Hummer und Languste: *Nephrops norvegicus*. Und der genießt seinen hohen kulinarischen Ruf zu Recht. Was unter seinem italienischen Namen Scampo angeboten wird, am Mittelmeer oder beim »Italiener« zu Hause, hat mit diesem Panzerkrebs oft allerdings wenig gemein. Meistens sind es große Garnelen. Die schmecken auch sehr gut, aber eben etwas anders. Zu unterscheiden sind sie leicht. Der Kaisergranat hat ein starkes Panzerkleid und einen breiten Schwanzfächer; der fleischige Hinterleib der Garnelen ist dagegen seitlich gepreßt, läuft spitz zu einem schmaleren Fächer und hat eine fast durchsichtige Schale. Immer häufiger kommen auch die kompakten Fleischröllchen des chilenischen Langostino tiefgefroren als Scampi auf den Markt – und da handelt es sich um einen Furchenkrebs, verwandt mit der schönen Galathé, der eigentlich nicht verwechselt werden kann. In Italien, wie erwähnt, wird gar das nackte Schwanzfleisch des Heuschreckenkrebses als Scampi verkauft. Und um die Verwirrung voll zu machen: Liegen einmal wirklich kopflose Scampi auf dem Teller, so werden sie vom geschäftstüchtigen Patron gern als Langustenschwänze offeriert. Doch das ist nun wieder eine Nummer zu hoch.

Natürlich kann man einwenden, das sei nun

wirklich Krebsklauberei und das Fleisch derselben immer köstlich. Woran viel Wahres ist. Aber erstens geht es da um gastronomische Redlichkeit und zweitens ist für den Liebhaber eben Krebs nicht Garnele und Krabbe nicht Languste. Er will den Unterschied nicht nur kennen und sehen, sondern auf der Karte und Verpackung auch erkennen. Die Nuancen machen den Feinschmecker, und die Vorfreude ist Teil des Genusses. Wer da unter falscher Flagge in den Hafen segelt, löst zumindest Befremden aus. Und zum Etikettenschwindel gesellt sich bei so kostbarer Fracht leicht die Beutelschneiderei, denn zwischen Hummer und Garnele, Languste und Langostino besteht auch in den Dimensionen noch ein ganz hübscher Preisunterschied.

Nun kann natürlich kein Mensch einige tausend Großkrebse, Garnelen und Krabben voneinander unterscheiden. Ist auch kaum notwendig, wenn es sich um halbfingerlange Happen handelt, Shrimps und Prawns. Aber so ein, zwei Dutzend der wichtigsten Tischgäste sollte man schon kennen. Das macht nicht nur Eindruck, sondern beugt auch Enttäuschungen vor und übt in die eigene Küchenpraxis ein.

GARNELEN, KRABBEN,

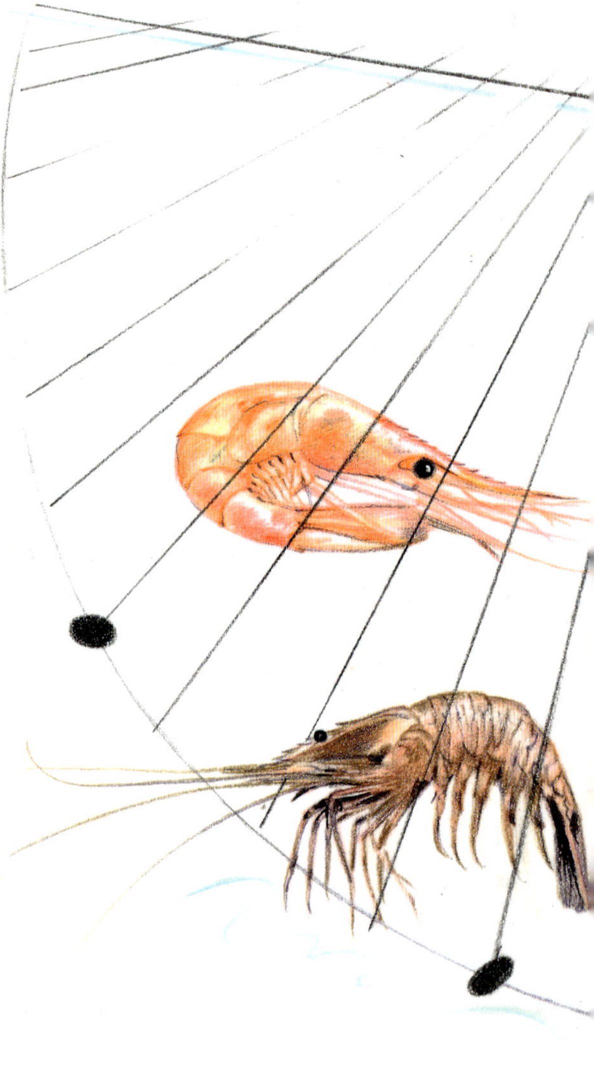

KREBSE

Linnés Erben haben sich weidlich geplagt, um Ordnung in die Ordnung der Zehnfußkrebse zu bringen. Als rechte Systematiker haben sie erst einmal zwei Unterordnungen bestimmt, die *Natantia* und die *Reptantia*.

Natantia heißt »die Schwimmenden«, und gemeint sind damit die garnelenarti-

gen Langschwanzkrebse. Sie haben feine lange Antennen, der Kopfbrustpanzer ihres schmalen Körpers läuft nach vorn in einer Spitze aus, das Rostrum; das Schwanzstück ist so lang wie der Panzer. Obwohl sie mit ihren Schwimmfüßchen und dem flotten Schwanzfächer ganz prächtig im Wasser schweben und stoßartig schwimmen können, krabbeln sie doch meist mit ihren zehn Schreitbeinen auf dem Boden und im Schlamm herum. Scheren haben sie schon auch daran; aber die sind so klein, daß sie kaum auffallen. Die Haut ist nur schwach verkalkt: eine durchsichtige Schale.

Vor den Küsten Europas und im Mittelmeer sind die »schwimmenden« Garnelen in großer Vielfalt vertreten.

Die Grönlandgarnele (*Pandalus borealis:* pink shrimp, deepseaprawn, crevette nordique) lebt in den kalten Tiefen des Nordmeeres und wird mit Trawl-Netzen gefangen. Sie erreicht stattliche 16 Zentimeter, kommt bei uns aber kaum frisch auf den Markt, weil das empfindliche Fleisch gleich gekocht und eingefroren werden muß.

Die Rote Tiefseegarnele (*Aristaemorpha foliacea*: giant red shrimp, gambon rouge, gamberone) wird vor allem im Mittelmeer aus mehreren hundert Metern Tiefe gefischt.

Die Sägegarnele (*Palaemon serratus*: common prawn, bouquet, camarzo mauro, gamba, gambaretto commune) bevorzugt die Felsküsten rund um Europa und wird fast handlang.

Die Furchengarnele (*Penaeus kerathurus*: tiger shrimp, caramote, gambero imperiale, mazzancolle) liebt schlickige Böden und Mündungsgebiete am Atlantik und im Mittelmeer und zählt zu den größten Arten.

Die Sandgarnele mit dem hübschen Namen Granat (*Crangon crangon*: common shrimp, crevette grise, camarão, gambero della sabbia) ist niemand anders als die Nordseekrabbe unseres Wattenmeeres, sie ist aber auch in den tieferen Regionen der europäischen Meere zu Hause.

Reptantia sind »die Kriechenden« – eigentlich ein beleidigendes Attribut für wehrhafte Gesellen, die im Deutschen so noble Namen wie Ritterkrebse und Panzerkrebse tragen. Auffallend ist ihr kräftiger Panzer und das oft mächtige Scherenpaar an den ersten Schreitbeinen. Der Hinterleib ist meist kürzer als das Kopfbruststück und die Beinchen dort sind verkümmert, zum Schwimmen nicht mehr geeignet. Hier handelt es sich also wirklich um schreitende Zehnfüßer, die sich stelzend fortbewe-

gen oder mit einem Schlag des Schwanzteils vorwärts oder rückwärts schnellen.

Nun muß man zugeben, daß manche unter ihnen nach allem Augenschein mit den Garnelen mehr Ähnlichkeit haben als mit ihren näheren Verwandten. Darum waren die Zoologen fleißig und haben die *Reptantia* noch einmal in drei Gruppen unterteilt.

Die Berühmtesten unter ihnen gehören zu den Langschwänzigen Bodenkrebsen: Hummer und Languste, Kaisergranat und Flußkrebs. Am höchsten entwickelt sind die Kurzschwanzkrebse oder Echten Krabben, deren kleiner Hinterleib unter den gepanzerten Vorderleib eingeklappt ist: Taschenkrebs und Schwimmkrabbe zum Beispiel. Zwi-

schen diesen beiden gibt es noch die Gruppe der Mittelkrebse, zu denen Einsiedlerkrebse und Steinkrabben zählen.

Die Languste (*Palinurus elephas*: spiny lobster, langouste, lagosta, aragosta) tanzt mit ihren weltweit verbreiteten Familienmitgliedern schon wieder aus der Reihe. Sie trägt keine Greifscheren, sondern als Kennzeichen körperlange Antennenfühler. Da diese Kerle fast einen halben Meter lang werden können – die langouste du Portugal sogar noch größer! –, sind sie wahrhaft nicht zu verwechseln. Sie leben an Felsküsten bis zu hundert Metern Tiefe, verbergen sich tags in Höhlen und gehen nachts auf Nahrungsfang. Und dabei geraten sie leicht in beköderte Körbe, denn das ist die bei uns übliche Fangmethode. Die stärksten Stücke kommen von der irischen Atlantikküste, aus Amerika werden tiefgefrorene Lobstertails eingeflogen.

Der Bärenkrebs (*Scyllarides latus*: squat lobster, cigale, cicala di mare, lagosta di pedra) ist die andere Ausnahme dieser langschwänzigen Gruppe. Scheren hat er auch nicht, aber bei ihm sind die dünnen Fühler zu kurzen Panzerwülsten oder Grabschaufeln umgebildet. Es ist ein breites und kompaktes Krustentier von urtümlichem Aussehen, das in zwei Arten langustengroß oder spannenlang wird. Gefangen wird der Bärenkrebs, ziemlich selten, im Atlantik und im Mittelmeer in Küstennähe, doch sein Fleisch ist besonders delikat.

Der Hummer (*Homarus gammarus*: lobster, homard, astice, bogavante, lavagante) ist der Vertreter der Zehnfußkrebse schlechthin. Jeder kennt den wuchtigen Kerl mit seinen gewaltigen Scheren, von denen die rechte als Waffe meist stärker entwickelt ist, die linke als Nahrungswerkzeug genutzt wird. Seine Beliebtheit ist sein Verhängnis.

Die Gewässer um Helgoland sind ziemlich ausgefischt, im Mittelmeer ist sein Vorkommen eh nicht so groß, und auch an den skandinavischen und irischen Küsten sind die Schonvorschriften streng. Es dürfen nur Exemplare von mehr als 21 Zentimeter Länge gefischt werden. Die Nachfrage in Europa wird durch dieses Aufkommen nur noch zur Hälfte gedeckt, so daß wir auf Importe des größeren Amerikanischen Hummers angewiesen sind. Zum Vergleich: Das europäische Fangergebnis liegt bei 4000 Tonnen, vor den Küsten von Maine und Neufundland werden jährlich 40 000 Tonnen Hummer »erwirtschaftet«.

Der Kaisergranat (*Nephrops norvegicus*: scampo, lobsterette, langoustine, lagostino) ist ein heller rötlicher Tiefseekrebs mit schlankem Körper, auffallend dünnen Scheren und langen Antennen. Er kann zwei Dutzend Zentimeter lang werden, doch meist mißt er nur die Hälfte, und im Handel wird in der Regel das gekochte Schwanzteil angeboten. Wie die Namen sagen, gedeiht er von Norwegen bis Italien, der Löwenanteil von 15 000 Tonnen jährlich wird an den Küsten Frankreichs und der Adria aufgebracht.

Flußkrebs (*Astacus*: crayfish, écrevisse, gambero di fiume, cangrejo de rio) gibt es in 300 Arten, und die meisten sind in den Flüssen, Teichen und Sümpfen Nordamerikas zu Hause. Der dunkle Edelkrebs war einst auch in den klaren Gewässern Mitteleuropas üppig vorhanden. Noch vor hundert Jahren kostete ein Schock – das waren 60 Stück zu 80 Gramm, also fast 10 Pfund! – kaum 50 Pfennige. Heute zahlt man dafür das Tausendfache – aber es gibt kaum Edelkrebse mehr, sie sind, wie erwähnt, an der Krebspest fast zugrunde gegangen. Statt ihrer findet man bei uns die widerstandsfähi-

geren hellen Galizier- oder Teichkrebse aus Osteuropa oder den kleinen Kamberkrebs aus Amerika, im Handel und aus der Zucht auch Signalkrebse und Importe aus der Türkei. Leckerbissen sind auch die, nur ein wenig klein, und im Wohlgeschmack reichen sie an den Edelkrebs mit seinem zarten Scherenfleisch kaum heran.

Die Mittelkrebse *(Anomura)* sind auf unseren Märkten kaum bekannt und als Frischfleisch nicht vorhanden. Die Einsiedlerkrebse *(Paguridae)* entdecken wir eher als putziges Strandvergnügen, wenn ein Schneckengehäuse sich plötzlich auf flinken Krebsbeinchen davonmacht. Zu erwähnen ist der Chilenische Langostino *(Pleuroncodes monodon)*, weil sein knackiges Schwanzfleisch tiefgefro-

ren jetzt öfter in Feinkosthäusern auftaucht. Und erhebliche Bedeutung haben die Steinkrabben *(Lithodidae)*, die in den tiefen Kaltwasserregionen des Pazifiks und Atlantiks leben. Die Tiere werden kiloschwer, haben einen riesigen Fleischanteil und werden tonnenweise vor der Arktis und Antarktis aus dem Meer gezogen und verarbeitet. Als Crab meat finden wir das Ergebnis in Dosen auf Kaufhausregalen, und im guten Fall ist die Herkunft angegeben: Kamtschatkakrebs, Japankrabbe, King crab. Echte Krabben, Kurzschwanzkrebse also, sind das freilich nicht: Die *Brachyura* tragen bei uns wieder ganz andere Namen, denn die Verwirrung ist in allen Sprachen groß.

Die Große Seespinne oder Teufelskrabbe (*Maja squinado*: sea spider, grampelle, grancevola, centolla, santalo) mit handgroßem Kopfrumpfpanzer und kräftigen Schreitbeinen werden Sie nur in Küstennähe auf Märkten und Speisekarten finden. Das köstliche Fruchtfleisch muß meerwasserfrisch zubereitet werden und trocknet leicht aus. Von der verwandten Eismeerkrabbe kommen gelegentlich die stattlichen Scheren mit ihrem fleischigen Inhalt tiefgefroren in Spezialgeschäfte.

Den Taschenkrebs (*Cancer pagurus*: rock crab, crabe tourteau, granchio ciporro, zeecrab) rechnet man gemeinhin nicht zum Speisegut, aber an der Atlantikküste wird er sehr geschätzt. Da er kiloschwer wird, lohnt auch der geringe Fleischanteil von Brust und Scheren die Ausbeute. An Amerikas Westküste ist der Dungeness äußerst beliebt und frisch gekocht die Attraktion im Hafenviertel Fishermans Wharf von San Francisco. Auch dort wird er gegen Überfischung geschützt, und ins Binnenland gelangt er nur konserviert.

Die Wollhandkrabbe (*Eriocheir sinensis*: chinese mitten crab, crabe chinoise) stammt unüberhörbar aus chinesischen Gewässern und ist an den bepelzten Scheren der Männchen erkennbar. Anfang des Jahrhunderts wurde sie mit dem Schiffsballast in Europa eingeschleppt und hat sich rasch bis in die Oberläufe der Flüsse verbreitet. Sie wird eher als Schädling betrachtet, weil sie Jungfische attackiert und Dämme durchwühlt. Aber es ist nicht einzusehen, weshalb die chinesische Delikatesse nicht auch bei uns kulinarischen Rang haben sollte.

DIE RICHTIGE WAHL

Für den Krebsschmecker gibt es kaum einen größeren Augenschmaus als beim Gang über Fischmärkte – in Triest oder Porto San Stefano, Saint-Tropez oder Malaga. Da liegen in Körben und Haufen fein sortiert die dunklen und hellen,

silbrig und rötlich schimmernden Leiber der Garnelen, da krabbeln Krabben und Krebse träge und schnappig übereinander, da erlebt man früh nach dem nächtlichen Fang das Feilschen um die raren Langusten und Hummer – und über alledem der unverwechselbare süßliche Duft der Krustentiere nach Meeresfrische.

Im Binnenland ist dieser sinnenreiche Eindruck kaum zu wiederholen, denn auch beim sorgfältigsten Transport erleidet dieser genuine Wohlgeruch Einbußen. Der Anblick der ritterlichen Phalanx ist in gut versorgten Feinkosthäusern und Spezialgeschäften immer noch opulent genug und frische Lieferung oberstes Gebot. Auf Eis gebettet, die größeren Sorten meist kopflos und selten roh, als Scampi, Gambas, Langustenschwänze drapiert – Sie wissen jetzt ja, welche Fülle der Arten sich

unter diesen Etiketten verbirgt. Wichtig ist, daß die Schuppen noch seidig glänzen, der Körper straff und das Fleisch fest ist. Lebendig finden Sie freilich nur einige Edelritter in den Bassins und Aquarien – Hummer, Langusten und Flußkrebse.

Hummer, deren bissige Scheren man nach dem Fang mit Gummiband verschließt, werden ebenso wie Langusten in durchlässigen Boxen im Meerwasser »gehältert«. Verschickt werden sie dann zwischen Stroh, Holzwolle und Seidenpapier in Kisten, das halten sie bis zu zwei Tagen aus. Aus dem Bassin sollten Sie lebhafte Tiere mit eingeroll-

tem Schwanz wählen, die bei Berührung noch kräftig ausschlagen. Ganz frische Langusten liefern dazu noch ein knarrendes Geräusch und zappeln, sobald sie an den Stirnhörnern berührt werden. Einen verbotenen Glücksgriff haben Sie getan, wenn Sie unter dem eingeklappten Schwanz der Krustendame einige tausend Eier entdecken: Tragende Weibchen dürfen eigentlich nicht gefangen werden, doch aus den Eiern läßt sich eine deliziöse Sauce bereiten. Flußkrebse werden seit alters lebendig in Körben versandt, die mit feuchter Papierwolle geschichtet sind, doch immer häufiger in Plastikbeuteln und Behältern, in denen der Anteil von Wasser und Sauerstoff ausgeglichen sein soll. Auch hier wählt man muntere und möglichst große Tierchen aus und meidet die matten Krieger.

Es führt kein Weg daran vorbei: Wenn die Ritterkrebse lebend auf den Küchentisch gelangen, müssen sie getötet werden. Bei uns ist es verboten, dies mit einem gezielten Stich in den Kopf zu tun. Ich zweifle allerdings, ob die erlaubte Methode sehr viel humaner ist: Die Tiere werden kopfüber in siedendem Wasser versenkt und laufen erwartungsgemäß rot an. Soll der Großkrebs roh weiter zubereitet werden, so genügen zwei Minuten Kochzeit. Sonst rechnet man mit 12 Minuten für die ersten 500 Gramm, 10 Minuten für die nächsten und 5 Minuten – sollten Sie ein solches Trumm erwischen – für die weiteren Pfunde. Flußkrebse sind in 4 bis 6 Minuten tischfertig. Zu beachten ist: Wenn Sie die roten Kerle dampfend nach Plan servieren wollen und deshalb noch ein wenig ziehen lassen, verkürzt sich natürlich die Garzeit. Sie darf auf keinen Fall strapaziert

werden, darunter leidet der Fleischgeschmack, und manche bevorzugen einen »rohen Biß« im Kern.

VOM UMGANG MIT PANZER

UND SCHEREN

Die Frage ist nur, wie man an die köstlichen Bissen herankommt, und dieses Problem läßt manchen beim Einkauf zögern. Die Panzer von Hummer und Languste, Flußkrebs und gar Taschenkrebs schauen ja wirklich sehr abwehrend aus, und wer sie hübsch tranchiert im Restaurant goutiert, schreckt womöglich bei dem Gedanken an die eigene Kraftanstrengung zurück. Doch

mit einem kräftigen Fleischmesser oder japanischen Hackmesser ist das kein Problem. Nur eines sollten Sie anfangs beherzigen: Versuchen Sie nicht gleich, mit Ihren Künsten bei Tisch zu brillieren. Das Training beginnt in der Küche.

Dem gekochten Hummer werden erst am Rumpf die Scheren abgedreht, dann die Schreitbeine. Die Messerspitze in der Naht hinter dem Kopf ansetzen

und Brust und Schwanz mit kräftigem Druck halbieren, dann in umgedrehter Richtung auch den Kopf. Die graugrüne Hummerleber mit einem Löffel herausheben und beiseite stellen. Bei manchen Hummerweibchen entdecken Sie vielleicht orangefarbene Eier, den Corail: ebenfalls separieren. Diese Innereien geben der Sauce Flair.

Der Magen liegt zwischen den Augen. Er wird

wie der Darmkanal in der Rückenmitte vorsichtig herausgehoben und mit anderen ungenießbaren Teilen aus dem Panzer entfernt.

Die Scheren werden mit einem Fleischklopfer oder Messerschlag aufgebrochen, das Fleisch behutsam herausgezogen. Mit den Beinen wird ebenso verfahren, dabei tut eine Hummergabel mit ihren Zinken gute Dienste. Nun haben Sie schon die ganze Manna ausgelöst und können sie in und um die Schale drapieren. Das Scherenfleisch sollte getreues Abbild sein, das Schwanzfleisch in mundgerechte Stücke zerteilt, sonst sind Verteilungskämpfe bei Tisch zu befürchten.

Variante 1: Wollen Sie den Hummer im ganzen servieren, so wird mit festem Griff der Schwanz drehend aus dem Brustpanzer gelöst, die Bauchschale seitlich aufgeschnitten oder aufgebrochen und das Fleisch vom Schwanz her ausgelöst. Sonst wie gehabt. Adrett ist es natürlich, Scheren und Beine nur auf- und anzuknacken. Dann kann sich jeder das Fleisch bei Tisch selbst auslösen (Hummergabeln!) und die Schalen genüßlich aussukkeln. Das ist nach feiner Sitte nicht nur erlaubt, sondern steigert den Genuß.

Variante 2: Wenn Sie den Hummer à l'armoricaine schmoren oder in Sauce bereiten wollen, wird er in der Schale verarbeitet. Also Glieder abtrennen und aufbrechen. Kopfbrustteil halbieren und die ungenießbaren Innereien entfernen. Darmkanal herausziehen und Schwanzteil quer in Stücke schneiden.

Languste und Bärenkrebs – wenn Sie denn einen auftreiben! – werden ebenso behandelt, doch entfällt die Mühe mit den Scheren. Bei den kleineren Scampi dreht man den Kopf vom Schwanz ab, preßt den kräftig zusammen und löst das Fleisch von unten aus, wo die Schale dünn ist. In der

Rückenmitte vorsichtig aufschneiden und den Darm herausziehen. Oft allerdings werden Scampischwänze im Panzer halbiert zubereitet: Dann muß auf jeden Fall der Darm heraus.

Bei den kleinen Flußkrebsen wird nur das Schwanzfleisch verwendet. Die Scheren lohnen meist die Mühe nicht und sind allenfalls zum Sukkeln gut. Bei Tisch und mit sechs Fingern geht das so: Schwanz vom Körper abdrehen; dann vorsichtig auch die Schwanzflosse und den schwärzlichen Darm herausziehen. Panzerchen von unten aufbrechen und Fleisch auslösen. Die Karkassen ergeben zerstoßen vorzügliche Fonds und Saucen.

Mit den Taschenkrebsen werden Sie sich schwerer tun. Sie sollten männliche Tiere von etwa anderthalb Pfund wählen: Die haben einen höheren Fleischanteil und sind an der kleineren Schwanzplatte zu erkennen.

Auch Taschenkrebse werden in kochendem Wasser getötet und meist nur 6 bis 8 Minuten gesiedet, da man ihr Fleisch weiter verarbeitet. Dazu Scheren und Beine vom Panzer abdrehen und wie gelernt auslösen. Die Schwanzplatte wird vom Unterleib abgehoben und abgedreht. Mit einem Messer die Naht zwichen Schale und Unterseite aufschneiden, den Körper abheben, halbieren und das Fleisch mit einem Löffel herausnehmen. Magensack und Eingeweide an der Mundöffnung entfernen. Mit dem Löffel auch das Fleisch aus dem Panzer schaben. Sie haben jetzt das knackige weiße Fleisch aus den Scheren und Beinen, das streifige Panzerfleisch und das dunklere des Körpers mit der Leber. Meist wird es zu einem Ragout bereitet und im gesäuberten und weiter aufgebrochenen Krebspanzer serviert. Seespinnen – grancevola – werden gleich behandelt.

Gar keine Mühe haben Sie mit Softshells oder Butterkrabben. Das sind frisch gehäutete Schwimmkrabben, denen man nur Kopf und Kiemen, Eingeweide und Schwanzschürze entfernen muß. Dann sind die nackten Leckerbissen schon reif für die Pfanne. Aber leider findet man die höchstens im Sommer auf einem Markt an der Küste oder tiefgefroren, denn die neue Haut verfestigt sich binnen Stunden, und am nächsten Tag lohnen die kleinen Kerle die Mühe des Schälens kaum mehr.

HARTE SCHALE - ZARTER

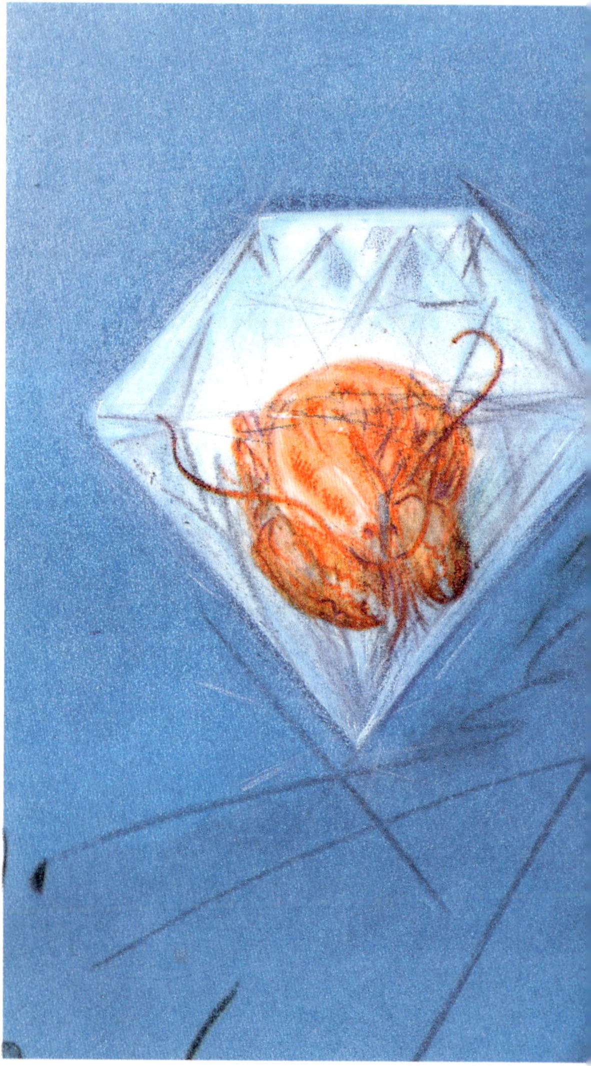

KERN

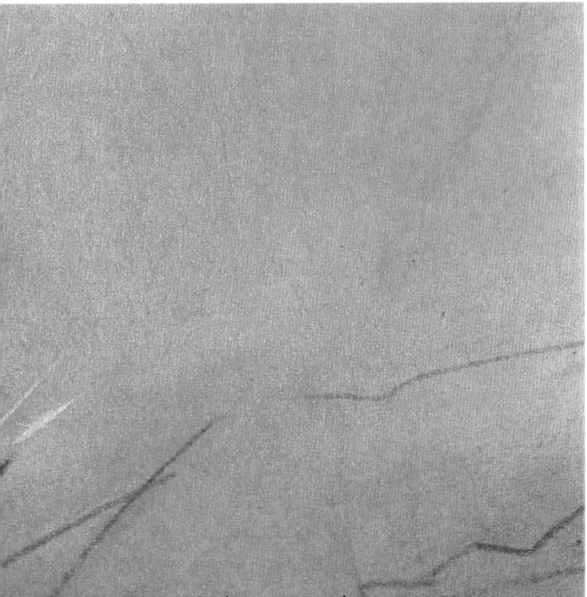

So hart die Schale, so zart der Kern. Den Panzer zu knacken, erfordert einen energischen Zugriff, das Fleisch zu lösen schon Feingefühl. Das ist ein sinnvoller Übergang. Denn bei der Zubereitung von Hummer & Co. bedarf es einer leichten Hand und des richtigen Gefühls in den Fingerspitzen. Alles Mühen ist vergebens, wenn das Fleisch zu trocken wird, das heißt zu lange gesotten. Es kommt auf die Minute an, der Biß muß stimmen bei diesen knackigen Gesellen.

Ihr ganzer unvergleichlicher Reiz ist dahin, wenn sie von mächtigen Gewürzen und Aromen durchdrungen werden. Apicius mag ein Küchenklassiker sein, doch manch-

mal gewinnt man den Eindruck, die alten Römer hatten lederne Zungen. Eine Kümmelsauce ist das letzte, was ich mir zu Krebsfleisch wünsche. Sie mochte gut geeignet sein, mangelnde Frische zu überdecken und den revoltierenden Magen zu beschwichtigen; aber eine harmonische Begleitung zum zartsüßen Gusto des Krebsgetiers ist sie nicht. Da liegen die Friesen schon richtiger, wenn sie den herzhaften Krabbenteller mit mildem Rührei und kräftigem Schwarzbrot kombinieren: Das gibt einen Dreiklang.

Damit ist nichts gegen die Würze in richtigen Schattierungen gesagt. In Sud und Saucen soll sie vorhanden sein, um den Eigengeschmack des Krebsfleisches zu erhöhen, zu unterstützen, zu begleiten: DIE ACCESSOIRES sind bei so edler Kost von entscheidender Bedeutung, sonst kommen auch DIE KLASSIKER nicht zu voller Wirkung. Ihre feine Abstimmung in der Komposition von Düften und Früchten wird zur Kunstübung, wenn es zur leichthändigen Kreation KÜHLER KÖSTLICHKEITEN geht. Auch die vertragen durchaus einen eigenwertigen Konterpart, wie uns DIE EXOTEN aus Ostasien und der Karibik zungenfertig nahe bringen. Diese Gerichte sind kräftig, sogar scharf gewürzt, doch dreierlei fällt auf: Krabben und Garnelen werden entweder roh verwendet oder rasch sehr heiß gebraten und ummantelt oder selbst als Geschmacksgeber für weitere Zutaten eingesetzt, und das mit sehr viel Raffinesse. Mit leisem Neid nimmt man es wahr: Solcher Luxus ist möglich, wo die Spitzenfrüchte des Meeres in Hülle und Fülle aus den Küstengewässern geschöpft werden. Das ist im Binnengefilde nicht so preiswert und recht aufwendig – doch dafür geraten solche Gerichte hier auch zur Edelplatte *en vogue*.

DIE ACCESSOIRES

Krebsgetier gehört gekocht. Bei »Schwänzen«, Krabben und Garnelen ist das längst geschehen, ehe sie bei Ihnen landen, und Sie können auf der nächsten Stufe der Zubereitung fortfahren. Doch solange Hummer & Co. sich noch regen, müssen

sie in kochendem Wasser getötet und gegart werden. Wie gesagt: Frisches Meerwasser ist am besten. Aber das bekommen Sie nur am Meer und auch da noch selten sauber. Also brauchen Sie eine Court-Bouillon oder einen Fischfond. Vornehmer heißt der Fumet de poisson und ist vollends unentbehrlich, wenn Sie feine Saucen und Krebsbutter reichen wollen.

COURT-BOUILLON

Davon gibt es mehrere Spielarten, wir begnügen uns mit einer Variante.

2 Liter Wasser
1 Schuß Weißweinessig
2 Karotten
2 Zwiebeln
1 Bund Petersilie
1 Lorbeerblatt
1 Pfote zerriebener Thymian
Salz
½ Liter trockener Weißwein
1 Pfötchen zerstoßener Pfeffer

Wasser und Essig mit zerschnittenem Gemüse, Kräutern und Salz 20 Minuten köcheln lassen. Wein zugießen und nach 15 Minuten Simmern Pfeffer einstreuen. Fünf Minuten später ist der Sud empfangsfertig für Hummer & Co. Beachten Sie die Garzeiten (S. 46f.)!

Unsere kräftigere Variante: Verwenden Sie statt des weißen die doppelte Menge roten Weinessig, sparen Sie Karotten und Wein und würzen Sie statt dessen mit einem Löffel Kümmel.

FUMET DE POISSON

Der Fischfond erfordert etwas Mühe, die lohnt. Zum Garen von Krustentieren würde ich ihn nicht verwenden, dafür ist er mir zu intensiv. Doch als Basis für Begleiter ist er eine Conditio sine qua non, neudeutsch: unverzichtbar.

1 Kilo Gräten, Köpfe, Schwänze von Weiß-fischen
1 Stange Lauch, Sellerie, Möhre
1 Bouquet garni (Petersilie, Thymian, Lorbeer)
Nelke, Knoblauchzehe, Schalotte, Wacholder-beeren, Pfefferkörner – in Maßen und nach Gusto
Wasser
1 Glas Weißwein, trocken
1 Gläschen Vermouth, Noilly Prat

Die gut gewaschenen Fischteile in geräumigem Topf mit Wasser bedecken und aufkochen. Mit den Kräutern und Gewürzen 20 Minuten simmern, dabei immer den Schaum abschöpfen, und die Alkoholika zugeben. Durch ein Sieb mit Mulltuch gießen. Wenn Sie den Rückstand ausdrücken, wird der Sud würziger, aber trüber. Dann kann man ihn mit Hilfe von farcierter Rinderhesse wieder klären und zur Consommé stilisieren – aber diese aufwendige Prozedur überlasse ich lieber gastronomischen Profis und Sterndeutern. Denn uns genügt zur weiteren Verwendung dieser klassische Fond mit seinem köstlichen Fumet: dies heißt nichts anderes als Duft. Und hinter vorgehaltener Hand darf man auch sagen: Fischfond können Sie inzwischen und gottlob auch portions- und preisgerecht in Gläsern kaufen.

FUMET D'ÉCREVISSE

Eine feine Stufe höher rangiert der Krebsfond. Machen wir uns nichts vor: Dafür wird niemand – kurzgesottene – Hummer und Langusten pellen. Denn man braucht die Karkassen, also Panzer und Extremitäten. Aber mit Garnelen solle man das auf jeden Fall probieren, und bei Flußkrebsen gibt es einen unvergleichlich zarten Fond.

1 Pfund Krebskrabben
2 Schuß Olivenöl
1 Gläschen Cognac
1 Stange Möhre, Sellerie und Lauch
1 Schalotte, Knoblauchzehe, Lorbeerblatt, Nelke
4 Tomaten, geschält, entkernt, gehackt
1 Prise Estragon und Thymian, zerrieben
Pfeffer und Salz, ein Hauch und gemahlen

Die sehr gut gereinigten und gewaschenen Karkassen im heißen Öl anbraten und zerstoßen, mit Cognac zeitig löschen und beiseite stellen: Die Schalen dürfen nicht sehr bräunen. Im zweiten Schuß Olivenöl die Gemüse andünsten, mit dem Tomatenfleisch mischen und die Gewürze mit den Karkassen zugeben. Das köchelt jetzt so 40 Minuten, und damit es nicht zu sehr dickt, wird Wasser oder trockener Weißwein aufgefüllt. Zum Schluß durch ein Sieb mit Mulltuch filtern und das Säckchen auswinden.

BEURRE DE CREVETTES

Diese Garnelenbutter ist eine Geschmackszutat, die allen Meeresfrüchten wohltut. Man kann die Masse einfrieren, aufbewahren, und ein Stückchen davon gibt jedem Fischgericht einen besonderen Gout. Allerdings: Um ein Pfund Garnelenschalen zu ernten, muß man ziemlich viele Tierchen kaufen. Aber dafür hat man ja auch viel Fleisch für anderes.

1 Pfund Garnelenschalen
Olivenöl
1 Stange Möhre, Lauch, Sellerie und Frühlingszwiebel
1 Knoblauchzehe
1 Löffel Tomatenmark
1 Pfund Butter
1 Glas trockener Weißwein

Die gründlich gewaschenen und getrockneten Garnelenschalen in heißem Öl unter stetem Wenden gut anrösten. Die kleingeschnittenen Gemüse und das Tomatenmark mitrösten. Einen Teil der Butter in Stückchen zugeben und einschmelzen. Den Wein unterziehen und schön durchköcheln. Die restliche Butter zufügen und das Ganze bei geringer Hitze ein Stündchen ziehen lassen. Die Mischung im Topf auskühlen; dabei setzt sich die aromatische Butter ab. Sie wird abgehoben, geschmolzen und in einem eckigen Gefäß im Kühlschrank zum Erstarren gebracht. Nun kann man sie in Portionsstücke schneiden, in Alufolie verpacken und einige Monate im Gefrierfach lagern zur gelegentlichen Verwendung an Saucen und Ragouts mit Meeresfrüchten.

BEURRE BLANC

Die weiße Buttersauce ist der ideale sahnige Begleiter zu frischem knackigen Krebsfleisch.

2 Schalotten, fein gehackt
1 Gläschen trockener Weißwein
Aceto balsamico
Edler Vermouth
200 Gramm Butter, frisch und kalt

Die Schalottenwürfelchen in etwas Butter leicht andünsten. Den Wein angießen und einen Spritzer des hocharomatischen Balsamessigs und feinen Vermouths. Reduzieren, bis die Schalotten noch eben feucht sind. Wer mag, kann diesen Vorgang jetzt mit einem Täßchen Fischfond wiederholen, das gibt zusätzlich Würze. Dann bei milder Hitze die eiskalte Butter stückchenweise einschlagen und cremig aufrühren. Mit frischem weißem Pfeffer und fast keinem Salz abschmecken und sofort servieren.

Auf die gleiche Weise erhalten Sie eine Weißweinsauce, wenn Sie die Weinmenge verdoppeln und mit einem halben Liter Fischfond auf ein Drittel reduzieren, den Essig weglassen und zum Schluß 200 Gramm Crème fraîche unterheben.

BEURRE DE CORAIL

Im Panzer von Hummer und Languste steckt die graugrüne Leber und bei weiblichen Tieren auch grünschwarzer Rogen, den die Franzosen Corail nennen, weil er beim Garen korallenrot wird. Beide ergeben mit Butter vermengt einen phantastischen Würzstoff, müssen aber roh verwendet werden. Also das lebende Tier nur eine kurze Minute in kochendes Wasser stecken, den Kopfbrustpanzer aufbrechen und Leber und Rogen mit einem Löffel herausheben. Sie werden zusammen oder getrennt im exakten Verhältnis 1 : 2 mit Butter vermischt: Eine Gabel genügt zum guten Durchkneten. Hummerbutter kann wie Garnelenbutter in Alufolie und Gefrierfach aufbewahrt werden. Sie dient als Ingredienz an Saucen, nicht etwa als Belag, denn die Innereien sind ja noch roh und geben beim Garen dem Gericht eine zartrosa Farbe.

Wer es ernst und ehrlich meint, wird zugeben: Es gibt für jede Art Krebsgetier ein oder zwei klassische Gerichte und Rezepte. Da lehnt man sich zurück, betrachtet sinnend die Reste, ein bißchen Panzer, Schale, Fühler und Gebein, und sagt sich: Das war's. So muß es schmecken. Wir wollen nicht so tun, als stünde jede Woche Hummer auf der Karte, Krebse täten's ja auch. Aber leider zehren wir noch von der Erinnerung an die prachtvollen Mazzancolle in Orbetello, an die Crevettes in Mougins und die Cangrejos an der Algarve, worauf flugs einer mit den Langusten auf den Malediven kontert . . . Kurzum, es geht darum, Erinnerungen zu beleben, und dafür muß man nicht zum nächsten gastronomischen Sternentempel eilen, das geht auch in genüßlicher Weile am eigenen Herd.

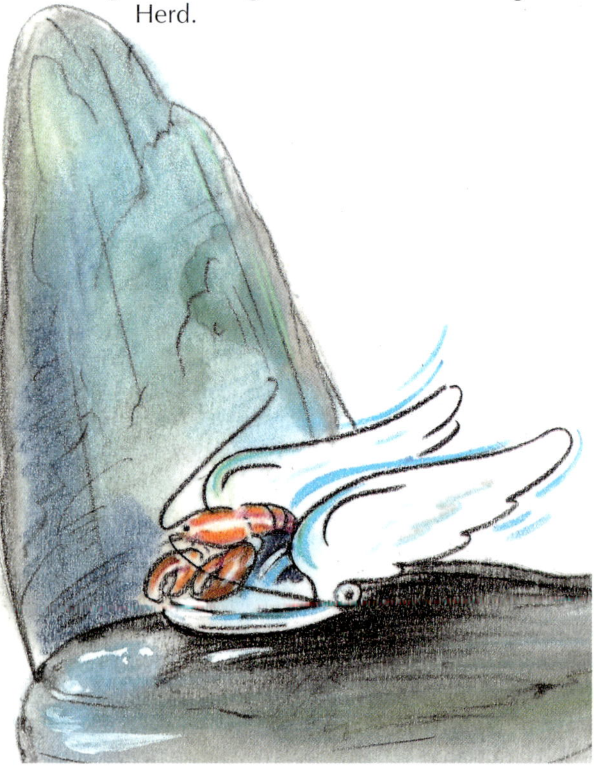

HUMMER A L'ARMORICAINE

Die Freunde von Asterix und Obelix wissen natürlich gleich, was gemeint ist: Hummer oder Languste, wie sie im alten Armorica zubereitet wurden, den Küstengebieten zwischen Seine und Loire. Die bretonische Küste ist ein klassisches Fanggebiet für diese Edelritter. Später sind dort auch Völkerschaften aus Übersee aufgetaucht, aber es liegt wohl eher an einer modischen Lautverschiebung, daß dieses Gericht auf den Speisekarten meist als Lobster à l'américaine aufgeführt wird.

Hummer oder Languste
Olivenöl
1 Handvoll feingehackte Schalotte, Sellerie, Möhre und Knoblauchzehe
2 Löffel Butter
2 Gläschen Cognac
1 Glas trockener Weißwein
1 Tasse Fischfond
4 Tomaten, geschält, entkernt, gehackt
1 Händchen Kerbel und Estragon, gehackt
1 Tasse Schlagsahne

Hummer rasch töten und in Stücke zerlegen (S. 50f.), das Mark – Corail, Leber, Flüssigkeit – auffangen. Hummer salzen und pfeffern und in einer großen Kasserolle mit reichlich Olivenöl rot rösten. Öl abgießen und mit der Butter die Wurzelwürfel zugeben und glasig dünsten. Cognac darüber gießen und flambieren. Mit Wein und Fond ablöschen, mit Tomaten und Kräutern 10 Minuten köcheln, dann Hummer herausnehmen und warm stellen. Die Sauce reduzieren und unterdes Mark mit Butter vermischen, der Sauce zugeben. Die Sahne unterziehen, abschmecken und über den angerichteten Hummer gießen.

HUMMER NEWBURG

Woher der Name stammt, ist nicht ganz klar. Aber sicher, daß das Rezept von jenseits des großen Teiches kommt.

Hummer, Languste, auch große Garnelen und Krabben
Court-Bouillon
Olivenöl
1 Glas Cognac
1 Glas Sherry, trocken
1 Tasse Sahne
1 Tasse Fischfond
2 Löffel Butter und 2 Löffel Mehl

Hummer in Court-Bouillon drei Minuten kochen und in Stücke zerlegen (S. 50f.), Mark aufbewahren. In Öl anbraten, mit Salz und Pfeffer würzen und Öl abgießen. Alkoholica zugießen und um die Hälfte reduzieren. Behutsam Sahne und Fond einrühren, eine Viertelstunde köcheln. Hummerstücke herausnehmen, Fleisch auslösen, warm stellen. Mark mit Butter und Mehl sorgfältig verarbeiten und peu à peu unter die Sauce rühren. Durch ein Sieb auf das angerichtete Hummerfleisch passieren.

HUMMER THERMIDOR

Der Thermidor war nach dem Kalender der Französischen Revolution die Hochsommerzeit Juli/August. Hummer wurde auch damals gewiß nicht zum Nationalgericht, er zierte eher feudale Tafeln. Aber um diese Jahreszeit ist er besonders delikat.

Hummer, Languste
Court-Bouillon
2 Gläschen Cognac
Butter
2 Schalotten
1 Glas trockener Weißwein
1 Tasse Fischfond
1 Tasse Crème fraîche
Dijonsenf
Cayennepfeffer
2 Löffel Parmesan, gerieben

Den Hummer in Court-Bouillon garen und mit kräftigem Messer längs halbieren. Darm und Magensack entfernen, Mark und Corail für Krebsbutter verwenden. Hummerfleisch ausbrechen, in Scheiben schneiden und im Cognac marinieren. Die Karkassenhälften reinigen. Die feingewürfelten Schalotten in Butter andünsten, mit Wein löschen und reduzieren. Fond angießen und um die Hälfte einköcheln. Einen Teil der Crème fraîche mit etwas Mehl verquirlen und unterziehen. Ein wenig Senf nach Geschmack einrühren und etwas eindicken lassen. Die Karkassen mit Sauce auskleiden und Fleisch einlegen. Die übrige Sauce aufkochen und mit Cayennepfeffer schärfen, die restliche Crème fraîche mit dem Parmesan unterheben. Über die Krebshälften verteilen und rasch unterm Grill gratinieren.

ARAGOSTA ARROSTA

In Italien wird eine mit Messerstich getötete und roh gespaltene Languste verwendet. Das leidet bei uns der Tierschutz nicht. Also stecken Sie das Tier kopfüber eine Minute in kochendes Wasser und halbieren es dann.

Languste
2 Löffel Semmelbrösel
2 Löffel Petersilie, gehackt
1 Knoblauchzehe, gehackt
Pfeffer und Salz
Olivenöl

Der halbierten Languste Magen und Darm entfernen und Fleisch von der Schale lösen. Die Zutaten zu einer glatten Paste verrühren und zwischen Fleisch und Schale geben. Die Hälften mit weiterem Öl beträufeln und im Grill 15 Minuten überbacken.

ARAGOSTA LESSATA

Hier sollten Sie die Court-Bouillon weinreich, aber mild gewürzt auslegen und die Languste im Sud ein wenig ziehen lassen.

Languste
Court-Bouillon
1 Handvoll Petersilie, gehackt
1 Knoblauchzehe, zerrieben
Olivenöl

Die Languste in Court-Bouillon garen, warm herausnehmen und längs halbieren. Magen und Darm entfernen, Saft auffangen und mit den übrigen Zutaten zu öliger Marinade verrühren. Über Langustenhälften gießen und ein wenig einziehen lassen. Nur exzellentes Olio extra vergine verwenden!

SCAMPI AL FORNO

Ob Sie die Scampi nun mit oder ohne Kopf erwischen – Hauptsache, sie sind frisch und stattlich. Je frischer und je mehr Kopf, desto würziger der Bratsaft. Und natürlich funktioniert diese Zubereitung auch mit falschen Scampi, also Gambas, Garnelen und dergleichen, wenn sie nur groß genug für das Fingermahl sind.

1 Pfund Scampi(schwänze)
Olivenöl
1 Gläschen trockener Weißwein
Origano, Pfeffer und Salz

Gewaschene und abgeschüttelte Scampi mit reichlich Öl in geräumigem Tiegel erhitzen und durchschütteln. Mit getrocknetem Origano und Wein besprenkeln, Pfeffer und Salz darüber mahlen und im Ofen bei 250 Grad zehn Minuten garen. Ein wenig nachziehen lassen und zu Tisch damit. Man braucht behende Finger zum Ausknacken, Baguette zum Safttunken und Servietten zum Fingerwischen.

LANGOUSTINES AUX FINES HERBES

Auch hier gehen wir vom Kaisergranat aus, doch die kurze Sauce ist zu jeglichem Krebsschwanz aus dem Meere köstlich, wenn seine Fleischesfülle nur das Halbieren lohnt.

1 Pfund Scampischwänze
3 Löffel Olivenöl
3 Löffel frische Butter
1 Gläschen Cognac
1 Tasse Fischfond
1 Handvoll frische Kräuter: Petersilie, Estragon, Basilikum, Thymian
1 Stück Butter

Die Schwänze halbieren und Därme entfernen. In großer Pfanne Öl und Butter erhitzen, Schwanzhälften von beiden Seiten – Fleisch zuerst – knapp zwei Minuten anbraten, herausnehmen und warm stellen. Fett abgießen, den Satz mit Cognac lösen, Fond zugeben und reduzieren. Dann die Kräuter einrühren und die Butter darein schmelzen, einköcheln. Die Scampi wieder zugeben und mit Pfeffer und Salz abschmecken. Dies Mahl läßt sich mit Messer und Gabel bewältigen.

GAMBERONI ALLO SPIEDO

Krebsschwänze am Spieß – das ist eine Traumkost zu jeder Stunde, schon der Duft verführerisch und der Anblick am verlockendsten, wenn da auch noch Köpfe und Fühler ragen. Die Garnelen waschen und gut trocknen. Mit Olivenöl bestreichen, gekrümmt auf Metallspieße stecken und mit Pfeffer und Salz bemahlen. Eine Viertelstunde unter oder auf dem Grill von beiden Seiten. Mit einer Mischung von Öl mit Petersilie und Knoblauch bepinseln. In die Finger nehmen ...

ÉCREVISSES A LA CHAMPENOIS

Flußkrebse kommen nur lebend in die Küche. Wer es besonders gut machen will, verhilft ihnen vorher zur Selbstreinigung, indem er sie 24 Stunden unter fließendem Wasser im Bassin krabbeln läßt. Getötet und gekocht werden sie in milder Court-Bouillon oder würzigem Fischfond mit Dill und Estragon. Doch es geht auch feiner:

Flußkrebse, mind. 6 à 60 g pro Person
Butter
4 Schalotten
½ Flasche Champagner
1 Tasse Crème fraîche
Cayennepfeffer
gehackter Estragon

Lebende Krebse zwei Minuten in kochendes Wasser. Die mittlere Schwanzflosse abbrechen und mit dem Darm herausziehen. In einem kräftigen Stück Butter die kleingewürfelten Schalotten andünsten und mit einer halben Flasche Champagner löschen. Sie können auch »stillen« Wein aus der Champagne verwenden. Aber wenn Sie den perlenden Edelstoff nehmen und teure Gäste erwarten, kaufen Sie statt einer »Demi« besser eine »Jeroboam«: Die enthält vier Liter, ist dekorativ und schnell alle. Den Champagnersud mit wenig weißem Pfeffer ein paar Minuten köcheln, die Krebse zugeben, Topf zudekken, aber gelegentlich umrühren. In gut fünf Minuten sind die Tierchen gar, werden herausgenommen und warm gestellt.

Jetzt rasch die Flüssigkeit auf die Hälfte einkochen, die Crème fraîche einrühren und eindicken, mit einer Prise aus Cayenne würzen. Die Sauce durch ein Sieb über die Krebse gießen, mit Estragon bestreuen und sofort servieren.

GRANCEVOLA ALLA VENEZIANA

Meerspinne oder Taschenkrebs bekommt man selten lebendig, aber das ist Voraussetzung für diese frische Vorspeise. Und das Tier sollte schon kiloschwer sein.

Seespinne oder Taschenkrebs
Olivenöl
Zitrone
Pfeffer und Salz

Das Tier in kochendes Salzwasser geben und 20 Minuten sieden. Zangen und Beine abdrehen, Panzer aufbrechen, Fleisch auslösen und Schale sorgfältig reinigen. Das zerpflückte Fleisch mit Öl und Zitronensaft beträufeln, mit Pfeffer und Salz bemahlen, zart mischen und in die Schale füllen. Kalt servieren.

CRABE FARCI

Wenn Sie genügend schwere Taschenkrebse bekommen, ist das ein hinreißend leichtes Abendmahl.

Taschenkrebse
Weinessig
Bouquet garni: Lorbeerblatt, Petersilie, Thymian
Butter
4 Schalotten, fein gewürfelt
1 Handvoll Petersilie, gehackt
2 Knoblauchzehen, mit Salz zerrieben
1 Tasse Semmelbrösel
1 Glas trockener Weißwein
1 Gläschen Calvados

Krabbe in kochendem Salzwasser mit einem Schuß Essig und dem Bouquet 20 Minuten garen. Aus Extremitäten und Panzer das Fleisch auslösen und die Schale gut ausputzen. Die Schalotten in Butter glasig dünsten,

Krebsfleisch, Petersilie und Knofl mit Bröseln zugeben, Wein darüber träufeln und fünf Minuten simmern. Mit Calvados flambieren und die Mischung in die Schale füllen. Mit Semmelbrösel und Butterflöckchen besetzen und 10 Minuten bei 220 Grad im Ofen überbacken. Heiß auftragen.

CREVETTES AU CIDRE

Hier sind kleine Garnelen gemeint, die doch fingerlang sein müssen, damit das Ausbrechen bei Tisch noch Spaß macht. Sie werden in der Schale noch einmal aufgekocht – in aromatischem Apfelwein, der auch in der Normandie und Bretagne gekeltert wird.

1 Liter trockener Cidre
1 Liter Wasser
1 Kilo Garnelen oder Krabben

Wasser und Wein mit Pfeffer und Salz aufkochen. Die Crevettes einlegen, aufsieden und fünf Minuten köcheln. Auf heißer Platte servieren mit kalter Butter und Vollkornbrot dazu. Als Getränk natürlich Cidre.

KRABBEN IN DILLSAUCE

Nordseekrabben sind ausgepult und frisch oder tiefgefroren im Handel. In dieser Sauce werden sie zum raschen leichten Mahl. In zwei Löffeln zerlassener Butter einen Löffel Mehl hellgelb anschwitzen und mit einer Tasse Hühnerbrühe löschen, einköcheln und mit Wein abschmecken. Zwei Eigelb mit einem Schuß süßer Sahne verquirlen und einrühren, aber nicht mehr kochen. Zwei Bund Dill feingeschnitten einstreuen und für fünf Minuten die Krabben darin erwärmen. Mit Pellkartoffeln!

KÜHLE KÖSTLICHKEITEN

Wir wollen gar nicht erst zu streiten beginnen und stellen deshalb kategorisch fest: Kein Fleisch schmeckt kühl so köstlich wie das des Krebsgetiers. Wohl, auch ich weiß ein Carpaccio oder ein Vitello tonnato zu schätzen. Doch der knackige Biß und der saftige Gaumengenuß eines frisch gekochten und ausgekühlten Garnelenschwanzes ist unvergleichlich. Zum Garen verwenden Sie eine leichte Court-Bouillon oder Sie dünsten die Tierchen in aglio, olio e prezzemolo mit einem Schuß trockenen Weißwein im geschlossenen Tiegel. Natürlich in der Schale, denn nur so bleibt der ganze Wohlgeschmack erhalten. Dazu braucht man zum vollkommenen Genuß eine Flasche schlanken leichten Weißwein wie Orvieto secco aus Umbrien oder Pinot grigio aus dem Friaul, ein knuspriges Baguette, um die Zunge immer neu zu stimmen, und ein oder zwei feine einfache Saucen, um die Happen sanft zu dippen.

Die *Mayonnaise* mundet ebenso zu warmem Krebsfleisch. Sie gelingt, wenn alle Zutaten zimmerwarm sind und mit einem Schneebesen geduldig verrührt werden. Zuerst ein Eigelb, dem Sie eine Messerspitze Dijonsenf zufügen können. Dann eine Tasse Olivenöl, das anfangs nur tropfenweise zufließen darf. Wenn die Mischung schön dicklich wird, glätten Sie sie mit Zitronensaft. Auf weißen Pfeffer und Salz kann man verzichten.

Die spanische *Salsa amarilla* unterstreicht die süßliche Komponente der Gambas. Die Dotter dreier hartgekochter Eier werden durch ein Sieb gestrichen und mit einem Löffelchen Senf, Pfeffer und Salz vermischt. Dann rühren Sie ein Gläschen Olivenöl ein und geben einige Tropfen Aceto balsamico hinzu. Zum Schluß wird die Creme mit einem Glas Madeira verdünnt.

Nicht zu leugnen ist, daß mit Krabben, Garnelenschwänzen und Langustenfleisch die zartesten Vorspeisen von opulentem Augenreiz entstehen. Sie sollten es nicht beim klassischen Hummer-Cocktail bewenden lassen, sondern auch einige zart abgestimmte Salate in dekorativer Aufmachung probieren.

HUMMER-COCKTAIL

Sektschalen mit feinen Salatblättchen auskleiden. Gekochtes Krebsfleisch und -schwänze einfüllen, vielleicht mit einigen zarten Erbschen und herben Apfelstückchen. Darüber die Sauce: Mayonnaise wird mit etwas Tomatenmark, Cognac und Zitronensaft verrührt, mit süßem Paprika und einem Spritzer Tabasco gewürzt und zum Schluß Schlagsahne untergehoben. Zur Garnitur eignen sich Limettenscheiben, Trüffelblättchen und ein besonders appetitliches Stück Krebsschwanz oder -schere.

SCAMPI-SALAT

Grüne Spargelspitzen und feine Möhrenscheiben getrennt einige Minuten in Salzwasser blanchieren und in Eiswasser abschrecken, damit sie schön farbig bleiben. In einer Vinaigrette aus Estragonessig, Olivenöl, Pfeffer und Salz marinieren. Auf Teller dekorieren, mit einigen frisch sautierten Scampischwänzen besetzen und mit Estragonzweiglein garnieren.

KRABBEN-SALAT

Krabben mit Perlzwiebelchen, Scheibchen von Paprikaoliven, Cornichonwürfeln und einer Handvoll gehacktem Estragon, Kerbel und Petersilie vermischen und eine *Salsa amarilla* (S. 82) unterziehen.

GARNELEN-SALAT

Frische Zuckerschoten in wenig Wasser fünf Minuten dünsten und geschäle Garnelen zwei Minuten zum Erwärmen dazu geben. Warm in einer Schüssel mit einer Vinaigrette aus Oliven- und Walnußöl, Zitronensaft, Pfeffer und Salz übergießen und einige Stunden kühl marinieren. Vor dem Servieren in Schalen mit geschälten, grob zerteilten unnd angerösteten Haselnüssen bestreuen.

GARNELEN AUF WEISSEN BOHNEN

Ein halbes Pfund frische weiße Bohnenkerne mit zwei Knoblauchzehen, einer kleinen Zwiebel und einigen Salbeiblättchen in Salzwasser weich garen. Die festen Fleischwürfel von drei geschälten Tomaten mit einer Handvoll Basilikum in Pfeffer und Salz schwenken und ein wenig ziehen lassen. Herausheben und auf Teller verteilen. Die abgetropften warmen Bohnen in dieser Marinade wenden und ebenfalls verteilen. In der Schale sautierte Garnelen auf die Unterlagen setzen, mit dem Marinaderest beträufeln und mit Basilikumblättern garnieren.

GARNELEN MARINIERT

Damit können Sie auch tiefgefrorenen, kurz pochierten und gut getrockneten »Krabben« neue Würze verleihen. Die geschälten Garnelen mit Zitronensaft, Röllchen von Frühlingszwiebeln, gehackter Ingwerwurzel, Zitronenmelisse und frischer Minze vermengen und einige Stunden im Kühlschrank durchziehen lassen. Auf Eichblattsalat anrichten.

DIE EXOTEN

Von den eisigen Gewässern vor der Halbinsel Kamtschatka bis zur tropischen See um Java wimmelt vor den Küsten Ostasiens das Krebsgetier. Nicht von ungefähr, so meint der Kulinariker, liegt inmitten das Chinesische Meer. Kaum eine Küche bietet eine derartige Fülle raffinierter Rezepte mit Krabben und Garnelen wie die der Regionen Chinas, wo die Krustentiere weit in die Binnengewässer hineingekrabbelt sind. Vielleicht haben die Chinesen eigens für sie den Wok erfunden, den weiten halbrunden Kochtopf, denn für das kleine Krebsgetier gibt es kaum eine bessere Garmethode als mit diesem Gerät. Die eine heißt plastisch »Pfannenrütteln«: Da werden die gepanzerten oder geschälten Tierchen rasch bei hoher Hitze in Öl geschmort oder fritiert. Die andere ist Dämpfen: Da werden sie in einem Bambuseinsatz bei geschlossenem Wok in Wasserdampf gegart. In beiden Fällen bleibt das Fleisch – wie die Zutaten – besonders knackig und saftig. Die Raffinesse liegt in den nuancenreichen Saucen und Gewürzen, die das Fleisch ummanteln. Scheuen Sie nicht die ungewohnten Ingredienzen: Sie bekommen alle in einem guten China-Shop. Den Wok natürlich auch, und da sollten Sie gleich ein schweres Gerät nehmen, das sich für die Elektroplatte eignet. Denn offenes Herdfeuer haben Sie kaum und eine Gasflamme selten.

GARNELEN SÜSS-SAUER

1 Pfund Garnelenschwänze
1 Löffel Maisstärke, Pfeffer und Salz
Öl zum Fritieren

Sauce:
3 Löffel helle Sojasauce
1 Löffel Tomatenmark
3 Löffel Essig
2 Löffel Reiswein
1 Löffel Zucker
1 Löffel Maisstärke

Gewaschene Garnelen in Sieb mit Stärke, Pfeffer, Salz bestäuben und durchschütteln. Die Zutaten zur Sauce gut verquirlen. Die Garnelen in reichlich heißem Öl zwei Minuten fritieren, abtropfen und auf Platte warm stellen. Im Wok die Sauce erhitzen, etwas eindicken und über die Garnelen gießen.

CHILI PRAWNS

1 Pfund große Garnelen, geschält und geputzt
1 Eiweiß
3 Löffel Speisestärke
Öl zum Fritieren
3 frische Chilischoten in kleinen Ringen
2 Knoblauchzehen in Scheibchen
1 kleine Ingwerknolle in Scheibchen
1 Gläschen helle Sojasauce
1 Gläschen Reiswein
1 Löffelchen Zucker
1 Messerspitze Glutamat (Ve-tsin)

Garnelen in Eiweiß wenden und mit Stärke bestäuben. Vier Minuten fritieren und Öl abgießen, Garnelen auf

Krepp abtropfen. Chili und Knofl im Wok kurz anbraten, die übrigen Zutaten einrühren und aufkochen. Garnelen in der Sauce ein paar Minuten ziehen lassen.

HONIG-GARNELEN

1 Pfund Garnelenschwänze, geschält
1 Knoblauchzehe
Salz und Pfeffer
1 Löffelchen Sesamöl
1 Löffel Maisstärke
3 Löffel Sesamsamen
4 Löffel Mehl
Öl zum Fritieren
4 Löffel Honig

Knoblauch mit Salz zerdrücken, mit Pfeffer, Sesamöl und Stärke gut verrühren und die Garnelen darunter mischen. Sesamsamen im trockenen Wok golden rösten und rasch auf kalten Teller geben, damit sie nicht dunkeln. Aus dem Mehl mit Wasser einen nicht zu dicken Teig rühren. Garnelen in Teig dippen und im Wok mit reichlich Öl rasch fritieren: am besten portionsweise und auf Krepp warm halten. Öl weggießen, Wok trocken reiben und wieder erhitzen. Honig darin schmelzen, die fritierten Garnelen in ihm wenden, mit dem angerösteten Sesam bestreuen und auf warmer Platte auftragen.

GARNELEN MIT ZUCKERMAIS

1 Pfund Garnelen, geschält
1 Löffelchen Ingwersaft, frisch
1 Löffelchen Zitronensaft
1 Dose Zuckermaiskölbchen
1 Gläschen Reiswein
3 schwarze Pilze (Shitake)
1 Eiweiß
1 Löffel Maisstärke

Die Garnelen werden in Ingwer- und Zitronensaft eine halbe Stunde mariniert, der abgetropfte Zuckermais mit

Reiswein. Die getrockneten Pilze werden in heißem Wasser eingeweicht, später schneidet man die Kappen in feine Streifen. Die Garnelen werden in der Mischung aus Eiweiß und Stärke gewendet und dann in zwei Minuten in heißem Öl fritiert, beiseite gestellt. Die milde Sauce wird aus einigen Löffeln Reiswein – vom Mais – und Pilzbrühe mit einem Löffelchen Stärke präpariert. Die Pilze im Wok mit wenig Öl anbraten, die Maiskölbchen erhitzen und die Garnelen unterziehen. Sauce anschütten, nachwürzen, fertig.

GARNELENREIS INDISCH

1 Pfund Garnelen, zur Hälfte geschält
1 kleine Ingwerknolle, fein gehackt
2 Knoblauchzehen, in Salz zerdrückt
1 Löffelchen Garam Marsala
1 starke Prise Chilipulver
2 Löffel Zitronensaft
1 Stück Butter
1 Tasse Langkornreis

Die Garnelen in eine Schüssel geben, mit allen Gewürzen und Zitronensaft mischen und kühl eine Stunde ziehen lassen. Unterdessen Reis in kochendem Salzwasser 12 Minuten angaren und dann in einem Sieb abtropfen lassen. In einer großen Pfanne die Butter zerlassen, den Reis darunter heben und die geschälten Garnelen mit der Marinade danach ebenfalls. Bei sehr leiser Hitze und geschlossenem Deckel fünf Minuten weitergaren, dann kurz die dekorativen Garnelen in der Schale auflegen und zu Tisch. Mit dem Deckel gehen Düfte und Genüsse auf.

GOLDSHRIMPS

1 Pfund Shrimps, geschält
2 Löffel Reiswein
1 Löffelchen frischer Ingwer, gerieben
2 Eiweiß, geschlagen
1 starker Löffel Maisstärke
1 Messerspitze Backpulver
Öl zum Fritieren

Die gut getrockneten Shrimps mit Reiswein, Ingwer, Pfeffer und Salz mischen und eine halbe Stunde ruhen lassen. Aus Eiweiß mit Stärke und Backpulver einen lokkeren Teig schlagen. Auch etwas ruhen lassen. Dann die Shrimps darin wälzen und in sehr viel Öl im Wok fritieren. Zum Dippen bieten Sie jedem ein Schälchen, in dem ein Eigelb mit einem Löffel heller Sojasauce vermengt ist.

SHRIMPS MIT ERBSEN

1 Pfund Shrimps, geschält
1 Eiweiß
1 Löffel Reiswein
1 Löffel Maisstärke
1 Dose Erbsen
3 Scheibchen gehackter Ingwer
2 Löffel gehackte Frühlingszwiebel

Sauce:
4 Löffel Brühe
1 Löffel Reiswein
1 Spritzer Sesamöl
1 Löffelchen Stärke
1 Prise Zucker und weißer Pfeffer

Die Shrimps in der Mischung aus Eiweiß, Reiswein und Stärke eine halbe Stunde marinieren, dann zwei Minuten im Wok mit viel Öl fritieren und auf Krepp abtropfen. Öl weggießen, im Wok Ingwer und Schalotten andünsten, Erbsen und Shrimps hinzufügen und mit der Sauce kurz aufkochen.

TEUFELSKREBSE KARIBISCH

1 Pfund Krebsfleisch aus der Dose
2 Handvoll Semmelbrösel
1 Schuß Milch
1 Pfötchen Cayennepfeffer
1 Pfötchen Senfpulver
2 Eigelb
1 Löffelchen Tomatenmark
1 Stück Butter, geschmolzen
Zitronenscheiben

Das abgetropfte Krebsfleisch mit eingeweichten und ausgedrückten Semmelbrösel vermischen. Eidotter und geschmolzene Butter mit Mark und Gewürzen verrühren und unter die Mischung ziehen. Auf Muscheln oder Schalen verteilen, mit Butterflöckchen besetzen und eine Viertelstunde in der Röhre bei 160 Grad backen; zum Schluß einen Grillstoß zum Bräunen. Mit Zitrone garnieren und nach Gusto beträufeln.

JAMBALAYA KREOLISCH

1 Streifen Rauchspeck, gewürfelt
1 Zwiebel, gehackt
1 Knoblauchzehe, mit Salz zerdrückt
2 grüne Paprikaschoten, gewürfelt
1 Tasse Langkornreis
2 Thymianzweige
einige Blättchen Zitronenmelisse
1 Chilischote, fein gehackt
etwas Limettensaft
1 Tasse gekochter Schinken, in Streifen
1 Pfund Tomaten, geschält und geviertelt
Hühnerbrühe
Garnelen, geschält
Scheren von Stone Crabs
Langustenschwänze

Die Gemüse im Speck anbraten, vielleicht etwas Olivenöl dazu geben. Den Reis zuschütten und glasig wenden. Chili – in Limettensaft mariniert – und Kräuter mit Schinkenstreifen unterziehen, die Tomatenviertel einfüllen und mit Brühe bedeckt aufköcheln. Das Krebsfleisch – das soll in Summa schon ein Kilo werden! – unterheben und bei 180 Grad eine Viertelstunde im Ofen garen.

ZARZUELA KATALANISCH

1 Pfund Tintenfisch, geputzt, in Ringen und Tentakeln
1 Pfund Schwertfisch oder Seehecht, große Würfel
1 Pfund Garnelenschwänze, geschält
Muscheln nach Belieben
Olivenöl
2 Zwiebeln, feingehackt
2 Knoblauchzehen, mit Salz zermalmt
1 Pfund Tomaten, geschält, entkernt, gewürfelt
1 Peperoni, gehackt
2 Glas Weißwein
1 Tasse Fischfond
1 Gläschen Cognac
1 Handvoll frische Kräuter: Thymian, Basilikum, Origano
1 Handvoll schwarze Oliven

Zwiebel in Öl hellgelb dünsten, Knoblauch einrühren und Tintenfisch acht Minuten darin anschmoren. Tomatenfleisch und Peperoni zugeben, einköcheln; dann Wein, dann Fischfond. Mit Cognac und Kräutern, Pfeffer und Salz würzen. Jetzt den Fisch, dann die Garnelen, schließlich die Muscheln höchstens zehn Minuten einschmoren. Zum Schluß die Oliven einstreuen und im rustikalen Tiegel auf den Tisch. Weißbrot dazu genügt. Und im übrigen können Sie das unendlich variieren. Zarzuela heißt Singspiel: Das hat viele Töne.

REGISTER

Aragosta 37
– *arrosta 76*
– *lessata 76*
Astice 37
Bärenkrebs 37, 53
Beurre blanc 68
– *de corail 69*
– *de crevettes 67*
Bodenkrebse, langschwänzige 36
Bogavante 37
Bouquet 34
Butterkrebs 25, 55
Camarao 35
Camarón 9
Camarzo mauro 34
Cangrejo de rio 38
Cangrejos 8
Cannocchia 17
Caramote 34
Centolla 41
Chili prawns 88
Chinese mitten crab 41
Cicale di mare 17, 37
Common prawn 34
Common shrimp 35
Court-Bouillon 62
Crabe chinoise 41
Crab meat 11, 16, 40
Crabe farci 80
Crabe tourteau 41
Crayfish 8, 38
Crevette grise 35
– nordique 34
Crevettes 8
– *au cidre 81*
Crustacea 10
Deepseaprawn 34
Dekapode 17, 25
Dungeness 41
Écrevisses 8, 38
Écrevisses à la champenois 79
Edelkrebs 38
Einsiedlerkrebs 8, 37, 39
Eismeerkrabbe 41
Euphausiacea 17
F*ischfond s. Court-Bouillon*
Flußkrebs 20, 21, 36, 38, 45, 46, 54, 66, 79
Fumet de Poisson 64
– *d'écrevisse 66*
Furchengarnele 34
Furchenkrebs 30
Galathé 8
Galizierkrebs 39
Gamba 8, 34, 77, 82
Gambaretto commune 34
Gambero della sabbia 35
– di fiume 38
– imperiale 34
Gamberoni 8
– *allo spiedo 78*
Gambon rouge 34
Garnelen 16, 31, 34, 66, 77, 81
– *auf weißen Bohnen 85*
– *mariniert 85*
– *mit Zuckermais 90*
– *süß-sauer 88*
Garnelenreis indisch 91
Garnelen-Salat 85
Giant red shrimp 34
Goldshrimps 92
Grampelle 41
Grancevola 8, 41
– *alla Veneziana 80*
Granchio ciporro 41
Grönlandgarnele 34
Grönlandkrabbe 26
Große Seespinne 41
Großkrebs 31
Heuschreckenkrebs 17, 30
Homard 37
Honig-Garnelen 90
Hummer 15, 36, 37, 38, 45, 50, 53, 69
– à l'armoricaine 53, *73*
– *Newburg 74*
– *Thermidor 75*
Hummerkrabben 27
Hummer-Cocktail 84
Japankrabbe 40
Jambalaya kreolisch 94
Kaisergranat 30, 36, 38, *78*
Kamberkrebs 39
Kamtschatkakrebs 11, 40
King crab 40
King prawns 27
Königskrabbe 11
Kokosräuber 8
Krabben 16, 27, 31
– *in Dillsauce 81*
Krabben-Salat 84
Krebs 15
Krebsschwänze 15
Kreuzkrabbe 10
Krill 11, 17
Kroepoek 11
Kurzschwanzkrebse 36, 41
Lagosta 37
– di pedra 37
Lagostino 38
Landkrabbe 8, 26
Langostino 8, 30, 39
Langouste 37
Langoustine 38
Langoustines aux fines herbes 78
Langschwanzkrebse 34
Langusten 20, 26, 36, 37, 45, 46, 53, 69
Langustenschwänze 30
Lavagante 37
Lobster 8, 37
Lobsterette 38
Mangrovenkrabbe 10
Marron 9
Mazzancolle 34
Meerspinne 80
Mittelkrebs 37, 39
Natantia 33
Nordseekrabben 35, *81*
Palmendieb 8
Pannocchia 17
Panzerkrebse 35
Pink shrimp 34
Prawns 8, 27
Prie dieu 17
Radgarnele 10
Reptantia 35
Riesengarnelen 27
Riesenkrabbe, australische 27
–, japanische 27
Ritterkrebse 35
Rock crab 41
Rosenberg-Garnelen 30
Sägegarnele 34
Sandgarnelen 27, 34
Santalo 41
Scampi 8, 15, 17, 30, 38, 53
– *al forno 77*
Scampischwänze 54
Scampi-Salat 84
Schwimmkrabbe 10, 36
Sea spider 41
Seespinnen 6, 54
Shrimps 8, 27
– *mit Erbsen 92*
Signalkrebs 39
Soft shell 25, 55
Spiny lobster 37
Springkrebs 8
Squat lobster 37
Steinkrabben 37, 40
Taschenkrebs 26, 36, 41, 54, *80*
Teufelskrabbe 41
Teufelskrebse karibisch 93
Teichkrebs 39
Tiefseegarnelen 30
Tiefseegarnele, rote 34
Tiger prawns 27
Tiger shrimps 34
Winkerkrabbe 26
Wollhandkrabbe 26, 41
Z*arzuela katalanisch 95*
Zeecrab 41